COLLECTION MICHEL LÉVY
— 1 franc le Volume —
1 franc 25 centimes à l'Étranger

ALEXANDRE DUMAS

— ŒUVRES COMPLÈTES —

UN GIL-BLAS
EN
CALIFORNIE

PARIS
MICHEL LÉVY FRÈRES, LIBRAIRES-ÉDITEURS
RUE VIVIENNE, 2 BIS

1860

COLLECTION MICHEL LÉVY

ŒUVRES COMPLETES

D'ALEXANDRE DUMAS

Paris.— Imprimerie de A. Wittersheim, 8, rue Montmorency.

UN
GIL-BLAS
EN CALIFORNIE

PAR

ALEXANDRE DUMAS

PARIS
MICHEL LÉVY FRÈRES, LIBRAIRES-ÉDITEURS
RUE VIVIENNE, 2 BIS
—
1861

Tous droits réservés

COLLECTION MICHEL LÉVY

ŒUVRES COMPLETES

D'ALEXANDRE DUMAS

Paris.— Imprimerie de A. Wittersheim, 8, rue Montmorency.

UN
GIL-BLAS
EN CALIFORNIE

PAR

ALEXANDRE DUMAS

PARIS
MICHEL LÉVY FRÈRES, LIBRAIRES-ÉDITEURS
RUE VIVIENNE, 2 BIS
—
1861

Tous droits réservés

UN GIL BLAS
EN CALIFORNIE

Montmorency, 20 juillet 1851.

Mon cher éditeur,

Vous serez bien étonné, j'en suis sûr, lorsque, vous reportant au bout de cette lettre, vous verrez la signature de l'homme qui écrit le plus de livres, mais le moins de lettres, qu'il y ait au monde.

Tout vous sera expliqué lorsque vous verrez que cette lettre est accompagnée d'un gros volume intitulé : *Une Année sur les bords du Sacramento et du San-Joaquin.*

Mais, me direz-vous, comment se peut-il, cher ami, que, vous que j'ai rencontré il y a huit jours à Paris, vous ayez pu, depuis huit jours, aller en Californie, y rester un an et en revenir?

Lisez, mon cher, et tout vous sera expliqué.

Vous me connaissez : il n'y a pas d'homme à la fois plus voyageur et plus sédentaire que moi. Je sors de Paris pour faire trois ou quatre mille lieues, ou je reste dans ma chambre pour faire cent ou cent cinquante volumes.

Par extraordinaire, je pris, le 14 juillet dernier, la résolution d'aller passer deux ou trois jours à Enghien. Ne croyez pas que ce fût pour m'amuser le moins du monde. Dieu me garde d'avoir eu cette idée que je pouvais me passer une pareille fantaisie! Non, j'avais à raconter dans mes Mémoires une scène qui s'était passée à Enghien il y a vingt-deux ans, et je voulais, de crainte d'erreur, revoir des localités que je n'avais pas vues depuis cette époque.

Je savais bien qu'on avait découvert une source d'eau minérale à Enghien, comme on en a découvert une à Pierrefonds, comme on en a découvert une à Auteuil ; mais j'ignorais complétement les changements que cette découverte avait produits et qu'Enghien était tout bonnement en train de devenir une grande ville, comme Genève, Zurich ou Lucerne, en attendant qu'il devînt un port de mer comme Asnières.

Je partis donc pour Enghien par le convoi de onze heures moins un quart du soir. A onze heures, j'étais à la station, et je demandais mon chemin pour aller de la station à Enghien.

Comprenez-vous, mon cher, un Parisien, ou, ce qui est à peu près la même chose, un provincial qui habite Paris depuis vingt-cinq ans, et qui demande à la station d'Enghien le chemin d'Enghien !

Aussi l'employé auquel je m'adressais, croyant sans doute que je voulais me moquer de lui, ce qui, je vous le jure, n'était aucunement dans mon intention ; aussi l'employé, sans se déranger, et avec cette politesse bien connue qu'ont pour le public les gens qui dépendent du public ; aussi, dis-je, l'employé se contenta-t-il de me répondre :

— Remontez jusqu'au pont, et à droite.

Je le remerciai et remontai jusqu'au pont.

Arrivé au pont, je jetai les yeux à droite ; mais que vis-je à droite ? Une ville dont j'ignorais l'existence.

Ce n'était point ainsi que m'apparaissait Enghien.

Un immense étang, tout couvert de roseaux et d'herbes marécageuses, plein de canards, de judelles, de plongeons, de poules d'eau et de martins-pêcheurs, avec deux ou trois maisons sur une chaussée, voilà mon Enghien à moi, l'Enghien de mes souvenirs, l'Enghien où j'avais été chasser il y avait vingt-deux ans.

Je pris donc cette agglomération de maisons pour le faux Enghien, et je me mis à chercher le vrai.

« Remontez jusqu'au pont, et à droite. »

A droite, il y avait un petit chemin, un chemin modeste, un chemin de piéton. Ce chemin-là devait nécessairement conduire à mon Enghien à moi.

Je pris ce chemin.

Il me conduisit à un champ fermé de tous côtés par des haies.

Dans mes idées, Enghien n'était pas encore monté au rang d'une ville, mais il n'était pas non plus descendu au niveau de l'herbe. Enghien n'était ni Babylone brûlée par Alexandre, ni Carthage détruite par Scipion. La charrue n'avait point passé sur Enghien, on n'avait point semé le sel dans les sillons de la charrue, on n'avait pas suspendu les malédictions infernales sur l'emplacement maudit. Je n'étais donc pas à l'endroit où avait été Enghien.

Je revins sur mes pas : c'est la grande ressource des voyageurs qui ont perdu leur chemin et des orateurs qui se sont fourvoyés dans leurs discours. Je revins sur mes pas, et je trouvai, à droite toujours, une espèce de pont de planches, qui me conduisit, j'allais dire à l'ombre, je me reprends, à l'obscurité d'une grande allée d'arbres, à travers le feuillage desquels il me semble, à ma gauche cette fois, voir trembler, sous le reflet d'un ciel nuageux, l'eau sombre de l'étang.

Je m'obstinais à appeler la pièce d'eau d'Enghien un étang; j'ignorais qu'en diminuant de moitié, elle fût devenue un lac.

Je continuai donc hardiment mon chemin. Du moment où je voyais l'eau, Enghien ne pouvait être loin.

Ce rapprochement du but de mon voyage m'était d'autant plus agréable que l'eau commençait à tomber en gouttes assez serrées et que j'étais en petits souliers et en pantalon de nankin.

Je pressai le pas et marchai un quart d'heure à peu près. C'était bien long, même dans le vague de mes souvenirs; je ne comprenais pas cette absence complète de maisons; mais la constante présence de l'eau à ma gauche me rassurait. Je ne me décourageai donc pas et je continuai mon chemin.

Une éclaircie de feuillages se présentait à moi. Je me hâtai de l'atteindre, et alors je vis clair dans la topographie jusque-là assez embrouillée de mon voyage.

J'avais entrepris, sans m'en douter, de faire le tour du lac, et, parti de son extrémité sud, j'étais arrivé à son extrémité nord.

A l'autre bout de la pièce d'eau brillaient deux ou trois lumières me signalant le gisement de ces maisons que j'avais inutilement cherchées, et à ma droite et à ma gauche s'élevaient, aussi inattendues pour moi que ces décorations de théâtre qui arrivent au coup de sifflet du machiniste, des châteaux gothiques, des châlets suisses, des villas italiennes, des cottages anglais, et sur le lac, au lieu et place des canards, des plongeons, des judelles, des poules d'eau et des martins-pêcheurs, des milliers de points blancs sillonnant l'eau en tous sens, et qu'après un examen de quelques secondes je reconnus pour être des cygnes.

Vous vous rappelez ce Parisien qui paria traverser pieds nus sur la glace le grand bassin des Tuileries, et qui, étant arrivé à moitié, s'arrêta, disant : « Ma foi, c'est trop froid, j'aime mieux perdre mon pari », et qui revint sur ses pas.

Je faillis faire comme lui; mais, soit bêtise, soit entêtement, je continuai mon chemin.

Puis tout ce que l'on avait écrit de plaisanteries sur moi pour n'avoir pas pu faire le tour de la Méditerranée en 1834 me revint à l'esprit. Je pensai qu'on en écrirait bien davantage si l'on savait que je n'avais pas pu faire le tour du lac d'Enghien en 1851, et, comme je l'ai dit, je me remis en route.

Je suivais le chemin circulaire qui enveloppe toute la nouvelle Venise : je ne pouvais donc pas m'égarer. Il fallait que je revinsse à mon point de départ, et, pour revenir à mon point de départ, je devais nécessairement passer devant les maisons bâties sur la chaussée, et qui, pour moi, constituaient le seul, l'unique, le véritable Enghien.

Enfin, après un autre quart d'heure de marche, j'arrivai à cet Enghien tant désiré.

Une fois encore je crus m'être trompé, tant cela ressemblait peu à mon Enghien de 1827; mais enfin, un fiacre passant, je m'informai à lui, et j'appris que j'étais arrivé au terme de mon voyage.

J'étais en face de l'hôtel Talma.

Parbleu! c'était bien cela qu'il me fallait, à moi qui avais tant aimé et tant admiré le grand artiste.

J'allai donc frapper à l'hôtel Talma, où tout était fermé, depuis le soupirail de la cave jusqu'à la mansarde du grenier.

N'importe, cela me donnait le temps de philosopher.

Il n'était donc pas vrai que l'oubli fût chose absolue! Voilà donc un homme qui s'était souvenu de Talma et qui avait mis son établissement sous l'invocation de ce grand saint.

J'aurais mieux aimé, il est vrai, voir un monument élevé sur une de nos places au grand artiste qui, pendant trente ans, illustra la scène française, qu'un hôtel bâti dans un village. Mais n'importe! Que voulez-vous? mieux vaut toujours, vingt-cinq ans après sa mort, avoir son nom inscrit sur la façade d'un hôtel que de n'avoir son nom inscrit nulle part.

Vous savez où est celui de Garrick, mon cher ami, à Westminster, en face de celui du roi Georges IV.

Et c'est justice, car, en vérité, l'un fut bien plus roi que l'autre.

J'allais donc coucher à l'hôtel Talma.

Cependant, comme on n'ouvrait pas, je frappai à la porte une seconde fois.

Un petit contrevent s'ouvrit, un bras parut, une tête passa.

Tête d'homme, mal coiffée et véritablement de mauvaise humeur.

Tête de cocher chargé, tête de conducteur d'omnibus complet.

Tête insolente, enfin.

— Que voulez-vous ? demanda la tête.

— Je demande une chambre, un lit et un souper.

— L'hôtel est plein, répondit la tête.

Et la tête disparut, et le bras tira le contrevent, qui se referma violemment, tandis que derrière lui la tête continuait de grommeler :

— Onze heures et demie ! une belle heure pour venir demander à souper et à coucher !

— Onze heures et demie ! répétai-je ; il me semblait cependant que c'était l'heure de souper et de se coucher. Enfin, si l'hôtel Talma est plein, peut-être trouverai-je place dans un autre.

Et je me mis résolument en quête d'un souper, d'une chambre et d'un lit.

Devant moi, d'un immense bâtiment sortaient de grandes clartés et le son des instruments. Je m'approchai et je lus en lettres d'or : *Hôtel des Quatre-Pavillons.*

— Ah ! me dis-je, c'est bien le diable si, dans ses quatre pavillons, ce magnifique hôtel n'a pas une chambre pour moi.

J'entrai : le rez-de-chaussée était splendidement éclairé, mais tout le reste demeurait dans l'obscurité la plus profonde.

Je cherchai à qui parler, mais inutilement : c'était bien pis que le palais de la Belle au Bois, où tout le monde dormait. A l'hôtel des Quatre-Pavillons, il n'y avait personne, ni dormant, ni éveillé.

Il n'y avait que des gens qui dansaient et des musiciens qui les faisaient danser.

Je me hasardai jusqu'au corridor conduisant à la salle de danse, où je rencontrai quelque chose qui ressemblait à un domestique.

— Mon ami, lui demandai-je, pourrait-on avoir un souper, une chambre et un lit ?

— Où cela ? me demanda le domestique.

— Dame ! ici.

— Ici ?

— Sans doute : ne suis-je pas à l'hôtel des Quatre-Pavillons ?

— Oh ! oui, Monsieur.

— Eh bien, vous n'avez pas de chambre ?

— Oh ! il y en aura, Monsieur, plus de cent cinquante.

— Et quand cela ?

— Quand il sera fini.

— Et il sera fini ?

— Oh ! quant à cela, Monsieur, on ne sait pas. Mais si monsieur veut danser...

Je trouvai le *si monsieur veut danser* de l'hôtel des Quatre-Pavillons presque aussi impertinent que le *tout est plein* de l'hôtel Talma.

En conséquence, je me retirai, cherchant un autre gîte.

Le seul dans lequel je pouvais conserver quelque espérance était l'hôtel d'Enghien. Un marchand de vin encore ouvert me l'indiqua. J'allai y frapper ; mais l'hôtelier, cette fois, ne se donna pas même la peine de me répondre.

— Ah ! dit le marchand de vin en secouant la tête, c'est son habitude, au père Bertrand, quand il n'y a plus de place dans son hôtel.

— Comment ! m'écriai-je, il ne répond pas ?

— Pourquoi faire, me dit le marchand de vin, puisqu'il n'a pas de place ?

Cela me parut si logique, que je ne trouvai pas un mot à dire.

Je laissai tomber mes bras le long de mes cuisses et ma tête sur ma poitrine.

— Oh! par exemple, murmurai-je, voilà ce que je n'eusse jamais cru... Pas de place à Enghien!...

Puis, relevant la tête :

— Et à Montmorency, en trouverai-je?

— Oh! de reste.

— Est-ce toujours le père Leduc qui tient l'hôtel du Cheval-Blanc?

— Non, c'est son fils.

— Allons, me dis-je, le père était un aubergiste de la vieille roche; le fils, s'il a étudié sous son père, ce qui est probable, le fils doit savoir se lever à toutes les heures de la nuit, et trouver des chambres quand même il n'en aurait pas.

Et par cette même pluie, qui de fine était devenue battante, je m'acheminai vers Montmorency.

De cet autre côté du railway, tout était resté stationnaire et dans l'état où je l'avais connu autrefois.

C'était bien le chemin classique que j'avais suivi il y avait vingt ans, longeant son mur, traversant les champs, s'élargissant sous l'ombre d'un groupe de noyers, enfin contournant la ville sur ces charmantes petites pierres pointues qui semblent fournies à la municipalité par les loueuses d'ânes afin de mettre le voyageur dans l'impossibilité d'aller à pied.

Je reconnus la montée rapide, je reconnus la halle solitaire, je reconnus l'hôtellerie du Cheval-Blanc.

Le quart après une heure sonnait à l'horloge de la ville. N'importe, je me hasardai à frapper.

Qu'allait-on me dire, moi que deux heures auparavant on avait presque traité comme un vagabond à l'hôtel Talma?

J'entendis du bruit, je vis briller une lumière, des pas traînèrent sur un escalier.

Cette fois, on ne me demanda point ce que je voulais : on m'ouvrit la porte.

C'était une bonne à moitié vêtue, joyeuse, avenante, et qui souriait, quoique réveillée dans son premier sommeil.

Elle s'appelait Marguerite. Il y a, mon cher ami, des noms qui restent gravés dans le cœur.

— Ah bien, dit-elle, Monsieur, vous voilà dans un bel état! Bon! vous ne risquez rien d'entrer, de vous sécher et de changer de tout.

— Quant à entrer et à me sécher, j'accepte de grand cœur. Mais, quant à changer de tout...

Je lui montrai un paquet que j'avais promené sous mon bras depuis la descente du chemin de fer et qui renfermait une chemise, deux paires de chaussettes, un manuel chronologique et un volume de la *Révolution* de Michelet.

— Ah! dit-elle, ça ne fait rien; ce qui vous manquera, vous le trouverez chez M. Leduc.

O sainte hospitalité! ce qui te fait grande, ce qui te fait déesse, ce n'est point d'être offerte gratis, c'est d'être offerte avec une voix amie et un visage souriant.

O sainte hospitalité! décidément, tu habites

Montmorency; et Rousseau, qui n'était pas toujours si sensé, savait bien ce qu'il faisait quand il allait te demander à *la Chevrette*. Je ne sais pas comment te reçut la maigre marquise d'Épinay, ô sublime auteur d'*Émile*; mais, à coup sûr, elle ne te reçut pas mieux te connaissant que, ne me connaissant pas, me reçut Marguerite.

Derrière Marguerite était descendu M. Leduc, qui me reconnut, lui.

Dès lors l'hospitalité prit des proportions gigantesques. On me donna la plus belle chambre de l'hôtel, la *chambre de mademoiselle Rachel*. Leduc voulut me servir à souper, et Marguerite voulut bassiner mon lit.

Quant à moi, j'ai l'habitude, en pareille circonstance, de vouloir tout ce qu'on veut.

Vous comprenez, mon cher ami, qu'il me fallut raconter mon histoire. Comment, à une heure un quart du matin, frappais-je, à pied, trempé jusqu'aux os, et un petit paquet sous le bras, à la porte du Cheval-Blanc, à Montmorency? Y avait-il une révolution à Paris, un 31 mai contre les auteurs, et venais-je demander l'hospitalité de l'exil comme Barbaroux ou Louvet?

Par bonheur rien de tout cela n'existait. Je rassurai M. Leduc.

J'étais tout simplement venu pour passer un jour ou deux à Enghien, et, n'y ayant trouvé ni souper, ni chambre, ni lit, j'avais poussé jusqu'à Montmorency.

M. Leduc poussa un soupir qui contenait d'une façon bien certainement plus éloquente qu'il n'avait jamais été dit le *tu quoque* de César.

Je me hâtai d'expliquer à M. Leduc que je n'étais pas venu à Enghien pour mon plaisir, mais pour y travailler.

— Eh bien, répondit M. Leduc, vous travaillerez à Montmorency au lieu de travailler à Enghien. Vous y serez moins dérangé.

Il y avait une si profonde mélancolie dans ces quelques mots : « Vous y serez moins dérangé, » que je me hâtai de répondre à mon tour :

— Oui, et, au lieu d'y rester quarante-huit heures, j'y resterai huit jours.

— Oh! alors, me dit M. Leduc, si vous y restez huit jours, vous travaillerez à une chose dont vous ne vous doutez pas.

— A quoi travaillerai-je?

— A un voyage en Californie.

— Moi? Allons donc! cher monsieur Leduc, vous êtes fou!

— Attendez à demain, et vous m'en direz des nouvelles.

— Soit, attendons à demain; au reste, je suis le plus grand saisisseur d'imprévu qu'il y ait au monde : j'ai fait un jour avec Dauzats un voyage en Égypte sans y avoir jamais été. Trouvez-moi un homme aussi spirituel que Dauzats qui arrive de Californie, et j'y retourne avec lui.

— J'ai justement votre affaire : un garçon arrivé d'hier avec un journal tout fait, un véritable Gil Blas, qui a tour à tour été portefaix, chercheur d'or, chasseur de daims, chasseur d'ours, garçon d'hôtel, marchand de vin et second dans le bâtiment sur lequel il est revenu de San-Francisco par la Chine, le détroit de Malacca, le Bengale et le cap de Bonne-Espérance.

— Ah! voilà qui me va, cher monsieur Leduc.

— Quand je vous le disais!

— Ah! c'est que, comprenez-vous, lui dis-je, je vois autre chose, moi, dans la Californie, que ce que les autres y voient.

— Qu'y voyez-vous donc?

— Oh! ce serait trop long pour ce soir. Il est deux heures du matin, je me suis bien réchauffé, j'ai bien soupé, je suis admirablement couché. A demain, monsieur Leduc.

Le lendemain, M. Leduc me présenta son voyageur. C'était un garçon de vingt-six ans, à l'œil intelligent, à la barbe noire, à la voix sympathique, au teint bruni par le soleil de l'Équateur, qu'il venait de franchir quatre fois.

A peine eus-je causé dix minutes avec lui, que je

fus convaincu qu'un pareil homme devait avoir rapporté un journal très intéressant.

Je le lus d'un bout à l'autre, et je vis qu'en effet je ne m'étais pas trompé.

C'est ce journal que je vous envoie, très peu revu, très peu corrigé, et pas du tout augmenté par moi.

Maintenant laissez-moi vous dire, à vous, mon cher éditeur, ce que je n'ai pas voulu dire l'autre soir à M. Leduc à propos de la Californie, sous prétexte qu'il était trop tard et que nous étions trop fatigués.

Ce que je voulais lui dire, c'était en grand ce que lui me disait en petit, à propos d'Enghien, qui grandit et s'avive, tandis que Montmorency maigrit et meurt.

Le chemin de fer, c'est-à-dire la civilisation, passe à cent pas d'Enghien et passe à une demi-lieue de Montmorency.

Tenez, j'ai vu dans le Midi un petit village nommé Les Baux; autrefois, c'est-à-dire il y a cent ans à peu près, c'était un joyeux nid d'hommes, de femmes et d'enfants, situé à mi-côte d'une colline, fertile en fruits, en fleurs, en doux chants, en fraîches haleines. Le dimanche, on y disait la messe, le matin, dans une jolie petite église blanche, avec des fresques aux couleurs vives, devant un autel brodé par la dame de l'endroit et orné de petits saints en bois doré ; le soir, on y dansait sous de beaux sycomores qui abritaient, outre les danseurs, des spectateurs attentifs et de gais buveurs, trois générations de braves gens qui étaient nés là, qui vivaient là, qui comptaient mourir là. Un chemin passait dans le village, qui allait, je crois, de Tarascon à Nîmes, c'est-à-dire d'une ville à une autre ville. Le petit village vivait de son chemin. — Ce qui n'était pour la province qu'une veine secondaire était pour lui l'artère principale, l'aorte qui faisait battre son cœur. Un jour, pour raccourcir la distance d'une demi-lieue, le trajet d'une demi-heure, des ingénieurs, qui ne se doutaient pas qu'ils commettaient un meurtre, tracèrent un autre chemin. Ce chemin passait dans la plaine, au lieu de contourner la montagne; il laissait le village à sa gauche, pas bien loin, mon Dieu! à une demi-lieue. C'était peu de chose sans doute, mais enfin le village n'avait plus son chemin. Ce chemin, c'était sa vie, et voilà que tout à coup la vie s'était retirée de lui.

Il tomba en langueur, maigrit, agonisa, mourut. Je l'ai vu mort, tout à fait mort, sans rien de vivant qui fût resté en lui. Toutes les maisons sont vides, quelques-unes fermées encore comme au jour où ceux qui les habitaient leur ont dit adieu; d'autres sont ouvertes à tous les vents, et l'on a fait du feu dans l'âtre désert avec les meubles brisés : — un voyageur perdu, sans doute; un bohémien errant, peut-être. — L'église existe toujours, le quinconce de sycomores existe toujours; mais l'église a perdu ses chants, la nappe de l'autel pend déchirée; quelque animal sauvage, en s'enfuyant, effrayé, du tabernacle dont il avait fait sa retraite, a renversé un des petits saints de bois; mais les sycomores ont perdu leurs musiciens, leurs danseurs, leurs spectateurs, leurs buveurs; dans le cimetière, le père attend vainement le fils, la mère la fille, l'aïeule le petit-fils : ils s'étonnent dans leur tombe de ne plus entendre remuer la terre autour d'eux, et ils se demandent : « Que font-ils donc là-haut? Est-ce qu'on n'y meurt plus? »

Eh bien, voilà comment Montmorency s'en va, épuisé, en langueur, parce que l'artère de feu l'a dédaigné en favorisant Enghien; on s'y égare bien encore quelquefois, car tout étranger fait son pèlerinage à la Chevrette; mourant, le pauvre village vit de la protection d'un mort. Le génie a cela de bon, c'est qu'à la rigueur il peut remplacer le soleil, dont il est une émanation.

Eh bien, voilà à quoi j'ai pensé souvent, mon ami : c'est à cette marche de la civilisation, c'est-à-dire du soleil intellectuel. Plus d'une fois, quand je n'avais rien de nouveau ou d'intéressant à lire, je prenais une carte du monde, livre immense qui renferme des milliers de pages, et dont chaque page constate l'élévation ou la chute d'un empire. Quelle histoire y cherchais-je? Était-ce celle de ces rois de l'Inde aux noms inconnus? était-ce celle de l'Égyptien Ménès, du Babylonien Nemrod, de l'Assyrien Bélus, du Ninitive Phul, du Mède Arbaces, du Perse Cambyse, du Syrien Rohob, du Troyen Scamandre, du Lydien Méon, du Tyrien Abibal, de la Carthaginoise Didon, du Numide Yarbas, du Sicilien Gélon, de l'Albain Romulus, de l'Étrusque Porsenna, du Macédonien Alexandre, du Romain César, du Franc Clovis, de l'Arabe Mahomet, du Teuton Charlemagne, du Français Hugues-Capet, du Florentin Médicis, du Génois Colomb, du Flamand Charles-Quint, du Gascon Henri IV, de l'Anglais Newton, du Moscovite Pierre Ier, de l'Américain Washington, ou du Corse Bonaparte? Non, ce n'était celle ni de l'un ni de l'autre : c'était celle de cette mère commune qui les a tous portés dans ses flancs, allaités de son lait, réchauffés de sa chaleur; c'était celle de la civilisation.

Voyez comme elle fait son œuvre immense, et comme ni détroits, ni montagnes, ni fleuves, ni océans, ne l'arrêtent! Née à l'Orient, où naît le jour, la voilà qui part de l'Inde, en laissant derrière elle les ruines gigantesques de villes qui n'ont plus de nom : elle enjambe le détroit de Bab-el-Mandeb, déposant sur une des rives Saba la Blanche, sur l'autre Saba la Noire; elle rencontre le Nil, descend avec lui la grande vallée égyptienne, sème sur les rives du fleuve sacré Éléphantine, Philæ, Denderah, Thèbes, Memphis; arrivée à son embouchure, elle gagne l'Euphrate, élève Babylone, Ninive, Tyr, Sidon, descend à la mer comme le géant Polyphème, dépose de la main droite Pergame à l'extrémité de l'Asie, de la main gauche Carthage à la pointe de l'Afrique, des deux mains Athènes au Pirée; fonde les douze grandes villes étrusques, baptise Rome, et attend : la première partie de son œuvre est accomplie; elle a fait le grand monde païen, qui commence à Brahma et qui finit à César.

Soyez tranquille, quand la Grèce aura donné Homère, Hésiode, Orphée, Eschyle, Sophocle,

Euripide, Socrate, Platon, c'est-à-dire aura fait la lumière; quand Rome aura conquis la Cicile, l'Afrique, l'Italie, le Pont, les Gaules, la Syrie, l'Égypte, c'est-à-dire aura fait l'unité; quand le Christ, prophétisé par Socrate et prédit par Virgile, sera né, elle se remettra en route, la grande voyageuse, pour ne plus se reposer qu'elle ne soit de retour aux lieux d'où elle est partie.

C'est alors qu'à Rome qui tombe, qu'à Alexandrie qui s'éteint, qu'à Byzance qui croule, succéderont la seconde Carthage, mère de Tunis; Grenade, Séville, Cordoue, trinité arabe qui relie l'Europe et l'Afrique; Florence et ses Médicis, depuis Côme l'ancien jusqu'à Côme le tyran; la Rome chrétienne avec ses Jules II, ses Léon X et son Vatican; Paris avec François Ier, Henri IV, Louis XIV, le Louvre, les Tuileries, Fontainebleau. C'est alors que s'enchaîneront les uns aux autres, comme une voie d'étoiles lumineuses, saint Augustin, Averrhoès, Dante, Cimabué, Orcagna, Pétrarque, Masaccio, Pérugin, Machiavel, Boccace, Raphaël, Fra Bartholomeo, l'Arioste, Michel-Ange, le Tasse, Jean de Bologne, Malherbe, Lope de Vega, Calderon, Montaigne, Ronsard, Cervantes, Shakespeare, Corneille, Racine, Molière, Puget, Voltaire, Montesquieu, Rousseau, Gœthe, Humboldt, Châteaubriand. C'est alors enfin que la civilisation, n'ayant plus rien à faire en Europe, traversera l'Atlantique comme un ruisseau, conduisant la Fayette à Washington, l'ancien monde au nouveau ; et, là où habitaient seulement quelques pêcheurs de morue ou quelques marchands de pelleteries, fondera, avec trois millions d'habitants à peine, une république qui, en soixante ans, s'augmentera de dix-sept millions d'hommes, qui s'étendra du fleuve Saint-Laurent aux bouches du Mississipi, de New-York au Nouveau-Mexique, qui aura les premiers bateaux à vapeur en 1808, les premiers chemins de fer en 1820, qui produira Franklin, qui adoptera Fulton.

Mais là sans doute elle sera embarrassée pour continuer son chemin, et il faudra qu'elle s'arrête ou se détourne, l'infatigable déesse, qui, empêchée par le double désert que dominent les montagnes Rocheuses; qui, arrêtée par l'isthme de Panama, ne pourra pénétrer dans la mer Pacifique qu'en doublant le cap Horn, et dont tout l'effort sera de s'épargner trois ou quatre cents lieues en se hasardant à travers le détroit de Magellan.

Voilà ce que, depuis soixante ans, les savants, les géographes, les navigateurs, de tous les pays, se disaient les yeux fixés sur l'Amérique.

Étrange impiété que de croire à une impossibilité pour la Providence! à un obstacle devant Dieu!

Écoutez. Un capitaine suisse, chassé par la révolution de Juillet, passera du Missouri dans l'Orégon, de l'Orégon en Californie. Il obtiendra du gouvernement mexicain une concession de terrain sur la fourche américaine; et là, en creusant la terre pour faire jouer la roue d'un moulin, il s'apercevra que cette terre est parsemée de paillettes d'or.

Cela arrivait en 1848. En 1848, la population blanche de la Californie était de dix à douze mille âmes.

Trois ans sont écoulés depuis qu'au souffle du capitaine Sutter se sont envolées ces quelques paillettes d'or qui, selon toute probabilité, changeront la face du monde, et la Californie aujourd'hui compte deux cent mille émigrants de tous pays, et bâtit sur l'océan Pacifique, près du plus beau et du plus grand golfe de l'univers, une ville destinée à servir de contre-poids à Londres et à Paris.

Aussi, cher ami, plus de montagnes Rocheuses, plus d'isthme de Panama. Un chemin de fer ira de New-York à San-Francisco, comme un télégraphe électrique va déjà de New-York à la Nouvelle-*ans; et, à la place de l'isthme de Panama, trop dur à percer, on canalisera la rivière de Jiugnitto, et l'on passera, en sciant la montagne, du lac Nicaragua dans la mer Pacifique.

Et remarquez bien que tout ceci s'accomplit au moment où Abbas-Pacha fait un chemin de fer qui ira de Suez à El Areich.

Si bien que voilà la civilisation qui, partie de

l'Inde, est presque revenue à l'Inde, et qui, couchée un instant sur les bords du Sacramento et du San-Joaquin, se demande si, pour regagner son berceau, elle doit tout simplement traverser le détroit de Behring, en touchant du pied cette ruine qui la repousse, ou s'égarer au milieu de toutes ces îles et de tous ces détroits, terres inhospitalières où fut assassiné Cook, abîmes sans fond où s'engloutit La Pérouse.

En attendant, grâce au chemin de fer de Suez, grâce au passage de Nicaragua, avant dix ans on fera le tour du monde en trois mois.

Voilà surtout pourquoi, mon ami, je crois que ce volume sur la Californie vaut la peine d'être imprimé.

Tout à vous,

Alex. DUMAS.

I

LE DÉPART (1).

J'avais vingt-quatre ans, l'ouvrage manquait ; il n'était question en France que des mines de la Californie. A tous les coins de rue, des compagnies

---

(1) Dans tout le cours de l'ouvrage, afin de donner plus de vivacité et d'intérêt au récit, l'auteur a cru devoir céder la parole au voyageur dont il raconte les aventures. Le pronom *je* représente donc ici, non pas l'historien signataire, mais le héros même de cette curieuse histoire.

s'organisaient pour le transport des voyageurs. C'était entre tous ces accapareurs à qui se ruinerait en promesses, à qui s'épuiserait en magnificences. Je n'étais pas assez riche pour me croiser les bras ; j'étais assez jeune pour perdre un ou deux ans à la recherche de la fortune. Je résolus de risquer mille francs et ma vie, les deux seules choses qui fussent bien complétement à ma disposition.

D'ailleurs, j'avais déjà fait connaissance avec les eaux bleues, comme disent les matelots. Le bonhomme Tropique était de mes amis, et j'avais reçu de sa main le baptême de la Ligne. Apprenti marin, j'avais fait avec l'amiral Dupetit-Thouars le voyage des îles Marquises, et touché au pic de Ténériffe, à Rio de Janeiro, à Valparaiso, à Taïti et à Noukaïva en allant, et à Woilhavo et à Lima en revenant.

Mon parti pris, restait à savoir à laquelle de toutes ces sociétés je donnerais la préférence : cela valait la peine de réfléchir.

En effet, je réfléchis si bien, que je fis choix

d'une des plus mauvaises, c'est-à-dire de la *Société mutuelle*. La *Société mutuelle* avait son siége à Paris, rue Pigale, n° 24.

Chaque associé devait avoir mille francs pour le passage et la nourriture. Nous devions travailler de concert et partager les bénéfices; de plus, si un passager ou associé (c'était la même chose) emportait une pacotille quelconque, la compagnie se chargeait de la vente de la pacotille et assurait un tiers de bénéfices.

En outre, pour ces mille francs que chacun de nous déposait, la Compagnie nous devait, une fois arrivés, le logement dans des maisons en bois que notre bâtiment transporterait avec nous. Nous avions un docteur et une pharmacie attachés à l'entreprise; mais chacun devait se munir à ses frais d'un fusil à deux coups, portant des balles de calibre et ayant une baïonnette.

Les pistolets étaient de fantaisie et du calibre qui convenait à l'acheteur.

Étant chasseur, j'attachai un grand soin à cette

partie de mon équipement, et bien m'en prit, comme on verra plus tard.

Arrivés là-bas, nous travaillerions sous la direction de chefs élus par nous.

Tous les trois mois, on changerait ces chefs, qui travailleraient avec nous et comme nous.

On s'engageait à Paris, mais le rendez-vous était à Nantes.

A Nantes, on devait acheter un bâtiment de quatre cents tonneaux; c'était un banquier de Nantes avec lequel, disait la Compagnie, toutes conditions étaient faites d'avance, qui achetait ce bâtiment.

Ce bâtiment devait, de plus, être chargé à notre profit d'une cargaison dont le banquier faisait les frais, en se réservant sur elle un honnête bénéfice.

Toutes ces fournitures étaient acquises à la société, qui remboursait le capital et payait un intérêt de 5 p. 100.

On voit que tout cela était magnifique, — sur le papier du moins.

Le 21 mai 1849, je partis pour Nantes, et descendis à l'hôtel du Commerce.

J'avais fait la route avec deux de mes amis, engagés comme moi et partant avec moi.

Ces deux amis étaient MM. de Mirandole et Gauthier.

De plus, un autre ami à moi, mon voisin de village, Tillier de Groslay, était déjà parti et embarqué. Nous étions très liés depuis notre jeunesse, et son départ avait fort influé sur le mien.

Tillier était engagé dans la Société Nationale.

A Nantes, les difficultés commencèrent. Des discussions s'étant élevées entre les sociétaires et les directeurs, le banquier ne voulut plus faire les fonds. Il en résulta que l'armateur qui avait vendu le bâtiment, traité avec un capitaine et loué des matelots, se trouva obligé de tout prendre à son compte. Comme il était dans son droit, comme ses actes avec la Société étaient en règle, la perte retomba sur les sociétaires, et nous en fûmes chacun pour quatre cents francs.

Avec les six cents francs restants, la Société était forcée de nous expédier en Californie. Comment? Cela la regardait.

Cela nous regardait peut-être bien aussi quelque peu ; mais on ne jugea point à propos de nous consulter là-dessus.

En conséquence, on nous chargea sur des voitures qui nous transportèrent de Nantes à Laval, de Laval à Mayenne, et de Mayenne à Caen.

A Caen, nous fûmes aménagés sur un bateau à vapeur et transportés au Havre.

Nous devions partir le 25 juillet.

Le 25, le 26 et le 27 se passèrent à nous faire prendre patience sous des prétextes tellement absurdes, que, le 27, on fut obligé de nous avouer que nous ne partirions décidément et définitivement que le 30.

C'étaient trois jours de patience à mettre au service de la Société. Nous nous rappelâmes qu'en février 1848 les ouvriers avaient mis trois mois de misère au service de la patrie; nous trouvâmes que notre sacrifice était bien médiocre en comparaison du leur. Nous nous résignâmes et nous attendîmes.

Malheureusement, le 30 juillet, il fallut nous faire un autre aveu : c'est que nous ne partirions que le 20 août.

Les plus pauvres d'entre nous parlaient de se révolter ; il y en avait en effet qui ne savaient comment ils vivraient pendant ces vingt et un jours.

Les riches partagèrent avec les pauvres, et l'on attendit le 20 août.

Mais, au moment de partir, nous fîmes une autre découverte : c'est que la Société, étant ou se disant plus pauvre encore que nous, ne pouvait nous fournir une foule de choses, de première nécessité cependant dans un voyage tel que celui que nous entreprenions.

Ces objets étaient le sucre, le café, le rhum, l'eau-de-vie, le thé. Nous fîmes nos réclamations, nous menaçâmes de nous fâcher, nous parlâmes même d'un nouveau procès ; mais la Société secoua la tête, et force fut aux pauvres sociétaires de fouiller au plus profond de leurs poches.

Hélas! beaucoup étaient si profondes qu'elles n'avaient pas de fond.

On fit une provision commune des objets sus-désignés, et l'on se promit mutuellement la plus grande discrétion à l'endroit de ces sortes de douceurs.

Le jour du départ arriva enfin. Nous partions sur *le Cachalot*, ancien baleinier, connu, au reste, pour un des meilleurs marcheurs du commerce.

Il jaugeait cinq cents tonneaux.

La veille et la surveille du jour où nous devions mettre à la voile, la plupart de nos parents étaient arrivés au Havre pour nous dire adieu.

Il y avait parmi ces parents pas mal de mères et de sœurs fort religieuses ; d'ailleurs, il y a peu de voyageurs athées, la veille d'un voyage qui doit durer six mois et vous conduire de l'océan Atlantique dans l'océan Pacifique.

Il fut donc décidé qu'il serait fait une dernière

dépense à l'endroit d'une messe, dite à l'intention de notre heureuse traversée.

Cette messe devait être dite à l'église.

C'est toujours une chose grave qu'une messe au moment d'un pareil départ, car bien certainement, pour quelques-uns de ceux qui l'entendent, elle doit être une messe de mort.

Ce fut la réflexion que me fit un charmant garçon qui écoutait religieusement cette messe à côté de moi : c'était un rédacteur du *Journal du Commerce*, nommé Bottin.

Je lui fis silencieusement signe de la tête que c'était justement ce que je me disais tout bas au moment où il me le disait tout haut.

Au lever-Dieu, je jetai les yeux autour de moi : chacun était à genoux, et, je vous en réponds, tout le monde priait sérieusement.

La messe dite, on proposa un banquet fraternel à un franc cinquante centimes par tête.

Nous étions cent cinquante passagers, dont quinze femmes.

En retournant toutes les poches, on parvint à réunir deux cent vingt-cinq francs.

C'était le compte.

Mais cette débauche portait une rude atteinte au reste de nos capitaux.

Il va sans dire que nos parents et amis contribuèrent pour leur compte. Nous n'étions pas assez riches pour les inviter.

Mirandole et deux autres furent nommés commissaires et se chargèrent, pour nos trente sous, de nous faire faire un banquet splendide.

Le banquet eut lieu à Ingouville.

A quatre heures, on devait se réunir sur le port; à cinq heures, on devait être à table.

Chacun fut aussi exact qu'à la messe : on arriva deux par deux, on se plaça dans le plus grand ordre et l'on essaya d'être gai.

Je dis l'on essaya, car, en somme, chacun avait le cœur gros, et j'ai bien idée que plus on criait tout haut, plus on pleurait tout bas.

On porta des tostes à notre bon voyage ; on nous souhaita les plus riches placers du San-Joaquin, les plus épais filons du Sacramento.

M. le maître-armateur du *Cachalot* ne fut pas oublié non plus. Il est vrai qu'il avait, outre sa cotisation d'un franc cinquante, envoyé deux paniers de vin de Champagne.

Le dîner se prolongea assez avant dans la nuit. A force de se monter la tête, on était arrivé à quelque chose qui ressemblait à de la gaieté.

Le lendemain, dès le matin, les matelots, à leur tour, firent leur promenade dans la ville avec des drapeaux et des bouquets.

Cette promenade aboutit au port, où se tenait toute la population assemblée pour saluer notre départ et nous faire ses adieux.

Chacun de nous courait tout affairé d'une boutique à l'autre. C'est au moment du départ seulement qu'on s'aperçoit de ce qui va vous manquer une fois que vous serez partis.

Je fis, pour mon compte, ma provision de poudre

et de balles : dix livres de l'une, quarante livres des autres.

A onze heures, le bâtiment sortit du port, poussé par une jolie petite brise du nord-ouest ; devant nous était un bâtiment américain remorqué par le bateau à vapeur *le Mercure*.

Nous suivîmes la jetée en chantant *la Marseillaise*, *le Chant du Départ* et *Mourir pour la Patrie!* Tous les mouchoirs flottaient sur le port, tous les mouchoirs flottaient sur le bâtiment.

Quelques parents et quelques amis étaient montés avec nous à bord. A moitié rade, le pilote et l'armateur nous quittèrent ; parents et amis revinrent avec eux : ce fut un second adieu, plus douloureux que le premier.

Alors se trouvèrent isolés tous ceux qui devaient courir ensemble la même fortune.

Les femmes pleuraient ; les hommes auraient bien voulu être des femmes pour pleurer aussi.

Tant que la terre fut visible, tous les regards furent tournés vers la terre.

Le soir, vers cinq heures, elle disparut.

Nous ne devions plus la revoir qu'au cap Horn, c'est-à-dire à l'autre extrémité d'un autre monde.

II

DU HAVRE A VALPARAISO.

J'ai dit que nous étions cent cinquante passagers, dont quinze femmes, deux à la chambre du capitaine et les autres en bas.

L'équipage se composait :

Du capitaine, de son second, du lieutenant, de huit hommes et d'un mousse.

Le faux-pont, réservé aux passagers, n'avait reçu aucune marchandise : il avait été aménagé pour le transport des voyageurs et contenait quatre rangs de cabines.

Nous étions deux par cabine; les lits étaient superposés.

M. de Mirandole était mon camarade de chambrée.

Les femmes étaient séparées; on avait construit pour elles à bâbord, derrière, une espèce de parc.

Nos cent cinquante passagers se composaient des envoyés de trois compagnies; aucune n'avait tenu les engagements pris, quoique chaque passager eût scrupuleusement donné son argent.

Il en résultait que, comme il y avait à peine place pour les voyageurs, il n'y avait pas place du tout pour les malles.

Aussi chacun avait-il la sienne devant sa cabine; elle servait de siége pour s'asseoir et de table pour faire sa toilette.

Les autres bagages formant superfluités avaient été descendus dans la cale.

Tout ce qui restait de place sur le bâtiment était consacré aux marchandises appartenant tant à l'armateur qu'aux passagers.

Ces marchandises consistaient en alcools et en quincailleries.

Notre premier dîner à bord eut lieu à cinq heures, au moment même où nous venions de perdre de vue la terre. Personne n'avait encore le mal de mer, et cependant nul n'avait grand appétit.

La table était mise sur le pont, ou plutôt le pont servait de table ; l'emplacement était fort restreint, le pont étant encombré par des caisses d'acide sulfurique, par des tonnes d'eau destinées à être bues pendant la traversée, et par des planches préparées pour être agencées les unes dans les autres et faire des maisons aussitôt notre arrivée.

Nous avions en outre douze petites maisons toutes bâties, et qu'on n'avait plus qu'à monter comme des horloges.

Elles avaient été construites au Havre et allaient dans le prix de cent à cent vingt-cinq francs.

Le premier jour, comme c'est l'habitude en sortant du port, le dîner se composa de la soupe, d'une

ration de viande bouillie, d'un quart de vin et d'un
très petit morceau de pain.

Cela nous indiquait que le pain n'était pas en
abondance à bord. En effet, plus tard, nous
n'eûmes de pain que le dimanche et le jeudi. Les
autres jours, on mangeait du biscuit.

Nous avions un grand plat de fer-blanc, commun
à huit passagers ; chacun l'accostait avec sa gamelle,
qui était à lui, ainsi que son couvert.

Nous nous accroupîmes à la manière des Orientaux, et nous mangeâmes.

Le même jour, vers huit heures du soir, nous
atteignîmes les vents du sud.

Ils soufflèrent toute la nuit, et le lendemain ils
furent assez violents pour nous pousser sur les côtes
d'Angleterre.

Un pêcheur vint à bord ; sa barque était pleine
de poisson ; le marché commença, puis la correspondance.

Un des grands besoins de l'homme qui s'éloigne,
qui traverse une grande étendue d'eau, qui se

trouve entre le ciel et la terre, est de donner de ses nouvelles à ceux qu'il vient de quitter.

Il se trouve si petit dans cette immensité, qu'en se rattachant par une lettre à la terre, il se donne la consolation de s'assurer lui-même qu'il n'est pas perdu.

Malheureux ceux qui dans ce cas-là n'ont personne à qui écrire !

Le pêcheur s'en alla chargé de lettres comme un facteur de la poste.

Le soir du second jour, les vents changèrent sans nous avoir fait perdre beaucoup de temps ni donné une grande fatigue. A partir de ce moment nous fîmes bonne route.

Le capitaine, qui, comme nous l'avons dit, était fort économe sur le pain, vu le peu de farine transportée à bord, nous avait bercés de cet espoir que nous relâcherions à Madère pour y embarquer des pommes de terre ; mais, comme le vent était bon, il nous fit valoir l'économie de temps que nous aurions à continuer notre chemin tout droit.

On lui fit bien quelques observations qui lui donnèrent à entendre que nous n'étions pas dupes de la véritable économie qu'il était dans l'intention de faire; mais capitaine est roi à son bord. Le nôtre fit lui-même sa majorité, décida qu'on passerait outre et que le bon vent tiendrait lieu de pommes de terre.

Il est vrai que c'était plaisir de nous voir marcher : *le Cachalot* était excellent voilier, comme nous avons dit, et dans les plus mauvais jours, nous filions encore six ou sept nœuds à l'heure.

Par le travers du Sénégal, notre vigie nous signala un bâtiment : c'était une frégate américaine en croisière. Elle surveillait la traite; elle courut sur nous, hissa son pavillon. Nous en fîmes autant; nous nous donnâmes mutuellement notre longitude et notre latitude, ce bonjour et ce bonsoir des marins, puis nous continuâmes notre route, et la frégate reprit sa croisière.

Cette longitude et cette latitude n'étaient point choses inutiles pour nous, attendu que nous avions un très mauvais chronomètre.

Nous ne sûmes point le nom de la frégate qui venait de nous rendre ce service. A part cette bande sanglante qui indiquait ses canons, elle était toute peinte en noir, comme le vaisseau du *Corsaire rouge.*

Au fur et à mesure que nous avancions vers le tropique, tous les signes particuliers à l'équateur venaient au-devant de nous. Les eaux de la mer passaient au bleu foncé ; nous déchirions de larges bancs de ces herbes que l'on appelle raisins des tropiques. Les poissons volants s'élançaient hors de l'eau ; les bonites et les dorades passaient par bandes ; la chaleur devenait étouffante ; il n'y avait pas à s'y tromper.

La pêche des bonites et des dorades commença.

Cette pêche est chose bien simple et bien facile à côté des ruses qu'emploient les vieux pêcheurs des bords de la Seine. C'est l'enfance de l'art. On suspend au beaupré un certain nombre de ficelles, à l'extrémité desquelles pendille le simulacre d'un poisson volant ; le tangage plonge l'amorce dans l'eau et la fait sortir alternativement. Chaque fois que les ficelles sortent de l'eau, dorades et bonites prennent l'amorce pour des poissons véritables, sautent après et restent pendues à l'hameçon.

C'est une véritable manne que Dieu, sous cette chaude latitude, envoie aux pauvres passagers.

La pêche était commune.

Nous atteignîmes et traversâmes la ligne. Il va sans dire qu'il y eut, à propos de cette solennité, toutes les cérémonies d'usage, c'est-à-dire un Neptune fort galant pour les dames, si vieux qu'il parût; une Amphitrite qui fit force agaceries aux hommes, et des Tritons qui nous inondèrent d'une quantité indéfinie de seaux d'eau.

Il va sans dire qu'en ma qualité de voyageur ayant déjà eu le soleil devant moi et derrière moi, je pus assister au spectacle du haut de la galerie, c'est-à-dire de la hune.

Puisque j'ai dit un mot de nos femmes, revenons à elles.

Elles n'étaient point parties, comme on le comprend bien, pour se faire religieuses; il en résulte que, si vite que marchât le bâtiment, outre le loto, le domino, le trictrac et l'écarté, l'on jouait à un jeu particulier qu'on appelait le mariage, et qui consistait, dans ses deux phases principales, à se marier et à divorcer.

Comme il n'y avait que treize femmes et cent trente-cinq hommes, c'était plus qu'un jeu, c'était presque une institution, et une institution philanthropique.

Trois femmes étaient engagées avant que de partir. Elles avaient de vrais maris, ou plutôt de vrais amants, de sorte que, si elles se mariaient, c'était *in partibus* et sans billets de convocation.

Chacun dans ces mariages pour rire avait été chargé de fonctions correspondantes à celles qui sont remplies par les témoins, les parents ou les prêtres dans les mariages sérieux.

Ces fonctions s'accomplissaient avec une merveilleuse gravité.

Une autre fonction très grave et dans laquelle il

fallait une haute impartialité avait été créée encore.

C'était celle d'arbitre.

Voici à quelle occasion.

Un de nos amis, B..., avait emmené sa maitresse : c'était une de nos trois femmes mariées, et il lui avait fait, en partant de France, aux dépens de sa propre pacotille, un chargement d'effets à son usage : robes de soie, robes de laine, robes de popeline, châles petits et grands, bonnets, chapeaux, etc.

Mais il arriva qu'en route, par un de ces caprices qu'il faut toujours mettre sur le compte du voyage, mademoiselle X... trouva M. D... préférable à son premier amant, et, sans se donner la peine de faire prononcer le divorce, se remaria avec M. D...

De là plainte et réclamation du premier mari, qui prétendit, s'il avait perdu ses droits sur la femme, les avoir conservés sur les effets, et qui, en conséquence, s'empara un matin de toute la garde-robe, laissant mademoiselle X... avec une seule chemise.

Si chaud qu'il fasse sous l'équateur, où l'événement se passait, une chemise était un vêtement un peu bien léger; aussi mademoiselle X... se plaignit-elle, et dans ses plaintes en appela-t-elle à nous tous.

Quoique nous trouvassions que le costume allait admirablement à mademoiselle X..., nous étions trop équitables pour ne pas répondre à son appel. On se constitua en tribunal, et le tribunal nomma des arbitres.

De là la création de cette nouvelle magistrature.

Les arbitres rendirent un jugement qui, à mon avis, peut faire le pendant du jugement de Salomon.

Ils décidèrent :

1° Que mademoiselle X... avait le droit de disposer de sa personne comme bon lui semblait et même comme bon lui semblerait ;

2° Qu'elle ne pouvait être entièrement dépouillée; que Junie seule avait le droit d'être vue

Dans le simple appareil
D'une beauté qu'on vient d'arracher au sommeil;

qu'en conséquence, B... aurait à lui laisser le nécessaire, c'est-à-dire :

Ses chemises, son linge, sa chaussure, un chapeau et un bonnet.

3° Toutes les autres hardes, étant considérées comme superfluités, revenaient à B...

Le jugement fut signifié à B... avec les formalités d'usage, et, comme il était sans appel, B... fut obligé de se soumettre sans en appeler.

Mademoiselle X... apporta donc en dot à son nouvel époux le strict nécessaire, ce à quoi D... obvia en lui faisant cadeau de sa robe de chambre, dont elle se fit une robe, et d'une couverture, dont elle se fit un caban.

Il faut dire que mademoiselle X... était charmante sous ces nouveaux costumes.

Notre route continuait avec bon vent. Plusieurs fois nous eûmes en vue la côte du Brésil. Nous rasâmes la terre à Montévidéo, et nous vîmes de loin cette autre Troie, assiégée alors depuis huit ans.

III

DE VALPARAISO A SAN-FRANCISCO

Quinze jours avant d'arriver à Valparaiso, les pommes de terre avaient manqué. C'était une absence qui se faisait douloureusement sentir.

On avait remplacé le mets disparu par une ration de farine, d'eau-de-vie et de mélasse.

Les huit convives de la même écuelle réunissaient les huit rations, et l'on pétrissait un plumpudding que l'on faisait cuire dans des sacs à l'eau bouillante.

Mais si industrieux que soit l'homme, la pomme

de terre ne remplace point le pain, et le plumpudding ne remplace pas la pomme de terre.

Valparaiso était donc pour nous la terre promise ; dans tous les groupes on n'entendait que ce mot : « Valparaiso ! Valparaiso ! » On avait trois mois de mer, aucune relâche, et, Valparaiso franchi, on n'avait plus à faire qu'un quart du chemin.

Les trois autres quarts étaient derrière, oubliés, évanouis, emportés par la tempête du cap Horn.

Enfin, un mardi, ce cri retentit des hunes : « Terre! terre! » Chaque passager s'assura de la vérité par ses propres yeux et s'empressa de s'habiller de son mieux, de se disposer à descendre à terre et de faire ses comptes pour voir ce qui lui restait à dépenser.

On mouilla en grande rade, c'est-à-dire à trois quarts de lieue de terre. Aussitôt on vit partir de Valparaiso, avec la même ardeur que s'il s'agissait de gagner le prix des régates, une douzaine de ces embarcations connues sous le nom de baleinières.

Au bout d'un quart d'heure, ces embarcations assiégeaient le bâtiment.

Mais aux premiers mots que prononcèrent à propos du prix les Chiliens qui montaient ces embarcations, on reconnut qu'ils avaient de folles prétentions. Ils ne pouvaient, disaient-ils, nous mettre à terre à moins de trente-six sous par personne, trois réaux du Chili.

On comprend qu'une pareille somme soit exorbitante pour des gens qui ont passé par les mains des compagnies californiennes, qui ont été à Nantes, qui y sont restés quinze jours, qui de Nantes ont été au Havre, et qui, au Havre, sont restés six semaines.

A ce prix, la moitié de nous à peine eût pu aller à terre et une moitié de cette moitié n'eût pas pu en revenir.

Après avoir vivement débattu nos intérêts, nous fîmes prix à un réal (douze sous et demi).

D'ailleurs, ce fut en cette circonstance que la fraternité de bord se montra dans toute sa sublime bonhomie : ceux qui avaient de l'argent mirent cet argent dans leurs mains, et, en souriant, étendirent la main vers leurs compagnons. Ceux qui n'en avaient point assez ou ceux qui n'en avaient point du tout vinrent puiser dans ces mains étendues.

Le prix fait, chacun ayant de quoi aller à terre vivre trente-six heures et revenir, on se précipita dans les barques. Un quart d'heure après, nous débarquions.

Il était quatre heures du soir.

Là, chacun se dispersa, cherchant l'aventure selon le caprice de son imagination, et surtout selon la pesanteur de sa bourse.

Ma bourse n'était pas lourde, il s'en fallait; mais j'avais pour moi l'expérience d'un premier voyage.

En allant aux îles Marquises avec l'amiral Dupetit-Thouars, j'avais déjà touché à Valparaiso.

Par conséquent, je connaissais le pays.

Mirandole, qui savait mes antécédents, se confia à moi et déclara qu'il ne me quitterait point.

Nous descendîmes à l'hôtel du Commerce, et

comme il n'y avait pas grand'chose à faire ce jour-là, puisqu'il était cinq heures, nous allâmes visiter le théâtre, magnifique bâtiment qui avait poussé entre mes deux voyages.

Il est situé à l'une des quatre faces de la place, qui est elle-même sinon une des plus belles, du moins des plus délicieuses places du monde, avec sa fontaine au centre et son bois d'orangers touffu comme un bois de chênes et tout plein de fruits d'or.

Nous passâmes sur cette place, sans autre distraction que nos rêveries, rafraîchis par le vent du soir, embaumés par la senteur des orangers, deux des plus douces heures de notre vie.

Quant à nos compagnons, ils s'étaient éparpillés comme une bande d'écoliers en récréation, et couraient de Fortop à Maintop.

Qu'est-ce que Fortop et Maintop? d'où viennent ces noms bizarres?

Je n'en sais rien, et me contenterai de répondre à la première question.

Fortop et Maintop sont deux bals publics près

desquels Mabille et la Chaumière sont collets montés.

Fortop et Maintop sont, à Valparaiso, ce que les musicos sont à Amsterdam et à La Haye.

C'est là qu'on trouve les belles Chiliennes, au teint olivâtre, aux grands yeux noirs fendus jusqu'aux tempes, aux cheveux lisses et bleus à force d'être noirs, vêtues de soie aux couleurs vives et décolletées jusqu'à la ceinture ; c'est là qu'on danse des polkas et des chillas dont on n'a aucune idée en France, avec accompagnement de guitares et de voix relevé de coups frappés avec le plat de la main sur les tables; c'est là qu'ont lieu les courtes querelles suivies de longues vengeances; c'est là que commencent par des paroles ces duels qui finissent à la porte par le couteau.

La nuit se passa à attendre le lendemain. Aux plaisirs de la danse devait succéder, le lendemain, le plaisir de la cavalcade. Le Français est essentiellement cavalier, le Parisien surtout : il a pris ses leçons et fait ses classes d'équitation sur les ânes de la mère Champagne, à Montmorency, et sur les chevaux de Ravelet, à Saint-Germain.

Le capitaine, en nous donnant congé le mardi soir, avait recommandé aux passagers de se trouver prêts à partir le jeudi suivant.

Le signe de ralliement devait être le pavillon français à la corne et le pavillon rouge au mât de misaine.

On avait cinq heures devant soi, à partir du moment où le pavillon rouge serait arboré.

Mais c'était le jeudi matin seulement qu'il s'agissait de s'inquiéter du pavillon rouge ou tricolore : le mercredi était à nous tout entier, depuis la veille jusqu'au lendemain, vingt-quatre heures, c'est-à-dire une minute ou une éternité, selon que le plaisir ou la douleur regarde marcher l'aiguille du temps.

Le principal amusement de cette journée devait être de galoper sur la route de San-Iago, de Valparaiso à Avigny.

Ceux qui n'avaient pas assez d'argent pour prendre des chevaux restèrent à la ville.

J'étais du nombre de ces enfants prodigues qui, sans s'inquiéter de l'avenir, dépensaient leurs derniers réaux à cette joyeuse course.

D'ailleurs, à quoi bon nous inquiéter? C'eût été folie que de songer à l'avenir : les trois quarts du chemin étaient faits; cinq semaines de traversée encore, et nous touchions le but; et le but, c'étaient les placers du San-Joaquin et du Sacramento.

Nous voyions passer près de nous, grotesques clowns accroupis sur nos chevaux comme les nains des ballades allemandes et écossaises, ces magnifiques cavaliers chiliens, avec leurs pantalons fendus, boutonnés et brodés à partir de la cuisse jusqu'au bas de la botte, recouvrant un second pantalon de soie, avec leur petite veste ronde, l'élégant puncho par-dessus, le chapeau pointu à large bord et à galon d'argent sur la tête, le lasso à la main, le sabre à la cuisse, les pistolets à la ceinture.

Tous glissaient au galop dans leurs selles brodées

aux couleurs éclatantes, où ils se tiennent assis fermes comme dans des fauteuils.

La journée fut bientôt passée. Nous avions l'air, dans notre impatience du mouvement, de courir après les heures ; et les heures indifférentes, sans se hâter d'une seconde, marchaient de leur pas habituel : celles du matin, fraîches et les cheveux au vent ; celles du jour, haletantes et abattues ; celles du soir, tristes et voilées.

Les femmes nous avaient accompagnés partout, plus ardentes, plus aventureuses, plus infatigables que les hommes.

Bottin avait été ravissant de verve, d'imprévu et de gaieté.

On rentra pour dîner ; les groupes se formèrent. Partout où l'homme marche par troupes, il a ses groupes d'amis, d'indifférents, d'ennemis.

Le lendemain jeudi, à huit heures du matin, chacun était sur la jetée ; on aperçut le pavillon rouge ; on s'informa : depuis deux heures il avait été hissé.

Trois heures restaient.

Oh! les trois dernières heures, comme celles-là vont vite pour les passagers qui n'ont plus que trois heures à passer à terre!

Chacun employa ces trois heures de son mieux. Ceux à qui quelque argent restait en profitèrent pour faire provision de ce que les Chiliens appellent du pain de fruits.

Le pain de fruits est, comme l'indique son nom, une composition de fruits secs; ils se vendent coupés par tranches très minces, et ont la forme des fromages ronds.

A dix heures et demie, on reprit pour un réal les mêmes embarcations qui avaient amené toute la colonie à terre. La colonie fut reconduite à bord, et, arrivé là, chacun se réintégra dans sa boîte.

A deux heures précises, l'ancre fut levée; on appareilla : le vent était parfait. Avant le soir, nous perdîmes la terre de vue.

Nous avions devant nous un brick sarde et un

trois-mâts anglais que nous dépassâmes avec rapidité.

Nous laissâmes sur rade la frégate française *l'Algérie* avec un de nos matelots que l'on avait mis au service pour une dispute avec le lieutenant.

Peu de personnes comprendront cette locution toute maritime : *mettre au service*. Nous allons donc en donner l'explication.

Lorsqu'un matelot se conduit mal sur un bâtiment marchand, si le capitaine rencontre un bâtiment de guerre et qu'il lui convienne de se débarrasser de son matelot, il le *met au service*.

C'est-à-dire que ce matelot qu'il ne veut pas garder comme incorrigible, il en fait cadeau à l'État.

Le matelot passe ainsi, au caprice du capitaine, de la marine marchande dans la marine militaire.

C'est, on en conviendra, une triste manière de recruter la marine ; pour les soldats de terre, on a créé les compagnies de discipline.

Bien souvent d'ailleurs les capitaines, qui n'ont

à rendre compte à personne de leurs faits et gestes, sont injustes pour de pauvres diables qu'ils ont pris en antipathie et dont ils se débarrassent de cette façon.

J'ai bien peur, par exemple, que notre matelot à nous n'ait été victime de la mauvaise humeur du capitaine.

La brise était forte et la mer grosse; on avait passé quarante heures à terre : le mal de mer reprit les moins acoquinés à la houle. Les femmes en général, et je fis à mon tour cette remarque que d'autres avaient faite avant moi, les femmes furent celles qui supportèrent le mieux cette longue et pénible traversée.

Jusque-là, chose merveilleuse, nous n'avions eu à bord, sur cent cinquante passagers, ni maladie ni accident.

Nous allions, sous ce rapport, être cruellement éprouvés.

Nous avions dépassé Panama, franchi la ligne dans le sens opposé où nous l'avions franchie en venant; nous marchions avec bonne brise, toutes voiles dehors, même les bonnettes, ne filant plus que quatre ou cinq nœuds à l'heure, c'est vrai, — ce qui est encore, du reste, une bénédiction relativement aux calmes qu'on éprouve d'ordinaire dans ces parages, — lorsque tout à coup, vers le 17ᵉ degré de latitude, ce cri terrible retentit :

— Un homme à la mer !

Sur un navire de guerre, tout est prévu pour ce cas. On a des bouées, un homme toujours prêt à lâcher la poulie des chaloupes, qui n'ont qu'à glisser sur leurs cordages, et, à moins qu'il n'y ait gros temps ou que l'homme ne sache point nager, il est bien rare qu'on n'arrive pas à temps pour le sauver.

Mais il n'en est pas de même sur les navires marchands, avec leurs huit ou dix hommes d'équipage et leurs chaloupes engagées sur le pont.

A ce cri : « Un homme à la mer ! » tandis que nos compagnons se regardaient, se comptaient, cherchant avec terreur celui qui manquait au milieu d'eux, je m'élançai vers la hune.

Mes yeux se portèrent aussitôt vers le sillage, et au milieu de l'écume, déjà à plus de cent cinquante pas de distance, je reconnus Bottin.

— Bottin à la mer! m'écriai-je.

Bottin était tellement aimé, qu'à son nom je ne doutais point que chacun ne redoublât d'énergie.

On avait déjà, du reste, jeté dans le sillage une vergue de perroquet.

Bottin venait de faire son blanchissage : nous étions, comme on le comprend bien, nos propres blanchisseuses. Il avait voulu faire sécher son linge dans les haubans; le pied lui avait manqué, et il était tombé à la mer sans que personne le vît.

Au cri qu'il avait poussé seulement, le timonier s'était élancé à l'arrière, et, voyant reparaître un homme dans le sillage, il avait, sans savoir quel était cet homme, fait entendre le cri qui nous avait tous pris au cœur :

— Un homme à la mer!

Je ne m'étais pas trompé : au cri : «C'est Bottin!» capitaine et passagers se mirent à la besogne pour démarrer la yole, qui fut jetée à la mer par-dessus le pont.

Le lieutenant et un novice se trouvèrent dans la yole on ne sait comment.

En même temps, le capitaine ordonna de brasser vent dessus vent dedans, et le trois-mâts resta en panne.

Au reste, réduit à lui-même, l'accident n'aurait rien eu de bien dangereux : le temps était magnifique et Bottin excellent nageur.

Du moment où il avait vu la yole à la mer, il avait fait des bras signe qu'il était inutile de se presser, et, quoiqu'il nageât du côté de la vergue de perroquet, il était évident qu'il nageait de ce côté parce qu'elle était sur son chemin, et non parce qu'il avait besoin de se faire un appui.

Cependant, la yole, conduite par l'officier et le novice, ramait rapidement vers le nageur. De la hune d'artimon, où j'étais, je voyais la distance disparaître entre Bottin et la barque. Bottin faisait toujours des signes pour nous tranquilliser; en effet, la barque n'était plus guère qu'à cinquante pas de lui, quand tout à coup je le vis disparaître.

Je crus d'abord qu'une vague l'avait recouvert et que, la vague passée, on le reverrait de nouveau. Les deux hommes de la chaloupe eurent la même idée que moi, car ils continuèrent à ramer. Cependant, au bout de quelque temps, je les vis s'arrêter inquiets, se lever, abaisser leurs mains sur leurs yeux, chercher du regard, se détourner de notre côté comme pour nous consulter, puis reporter leur vue sur l'étendue immense.

L'étendue demeura solitaire; rien ne reparut.

Notre pauvre ami Bottin venait d'être coupé en deux par un requin.

Hélas! il n'y avait pas de doute sur son genre de mort. Il était trop bon nageur pour disparaître ainsi tout à coup. Celui-là même qui ne sait pas nager reparaît deux ou trois fois avant de disparaître pour toujours.

Deux heures, on chercha à la place où il avait

été. Le capitaine ne pouvait pas se décider à rappeler la yole; le lieutenant et le novice ne pouvaient pas se décider à revenir.

Cependant il fallait continuer la route; le signal de rappel fut fait, et la yole revint tristement, traînant à la remorque la vergue de perroquet qu'elle avait recueillie en route.

Ce fut un grand deuil à bord. Tout le monde aimait Bottin : c'était le grand conciliateur de toutes les querelles. Un procès-verbal constata la mort de notre malheureux ami. Ses effets et ses papiers furent réclamés par le capitaine.

Les effets, quinze jours après sa mort, furent vendus aux enchères.

Les papiers furent conservés pour être remis à sa famille.

Le soir, plus de chants; le dimanche suivant, pas de danses.

Tout le monde était triste.

Cependant, peu à peu on reprit la vie accoutumée; seulement, à tout propos, dans la conversation revenaient ces mots :

— Ce pauvre Bottin!

IV

SAN-FRANCISCO.

Le 5 janvier 1850, malgré un grand brouillard, un matelot qui était occupé à serrer une voile cria :

— Terre !

Cependant, on chercha inutilement pendant toute la journée du 6 la baie, que nous avions dépassée.

Ce ne fut que le lendemain 7 que nous pûmes en reconnaître l'entrée.

Néanmoins, pendant la journée du 6, le brouillard s'était levé et nous avions pu voir l'aspect du pays.

Il se présentait à nous s'élevant doucement en amphithéâtre. Sur le premier plan, on n'apercevait que des bœufs et des cerfs. Tout cela paissait tranquillement par bandes au milieu de prairies vertes comme de l'émeraude.

Ils ne semblaient pas plus effarouchés que si le monde eût été créé de la veille.

Sur ce premier plan, de l'herbe, des pâturages, pas d'arbres.

Au second plan, des sapins magnifiques de hauteur et d'épaisseur; puis, de place en place, des massifs de noisetiers et de lauriers.

Au troisième plan, la cime des montagnes, dominées par la cime la plus élevée, celle du mont du Diable.

Plus nous avancions vers la baie pendant la journée du 6, plus les arbres devenaient rares, et plus les roches, comme les ossements aigus d'un squelette gigantesque, commençaient à percer la verdure.

Nous gagnâmes le large pour passer une nuit tranquille. Nous étions tellement entourés de navires égarés comme nous et cherchant la baie comme nous, qu'il y avait crainte de s'aborder dans l'obscurité.

Quoique éloignés de tout heurt dangereux, nous n'en mîmes pas moins un fanal au boute-hors du clinfoc.

On était fort content, mais d'un contentement grave et silencieux. Tout était encore pour nous l'inconnu dans ce monde que nous allions toucher. A Valparaiso, nous nous étions informés; mais nous avions subi le vague de la distance, c'est-à-dire que nous avions eu à la fois de bons et de mauvais renseignements.

Puis chacun faisait ses dispositions pour débarquer le lendemain 7.

Non plus, comme à Valparaiso, pour aller demander à une ville quelques heures de distractions capricieuses et de folle joie, mais pour aller demander à la terre le travail, et la chose la plus rare qu'il y ait au monde, la rémunération du travail.

Aussi le plus calme de nous eût-il menti en disant qu'il avait dormi sans agitation. Quant à moi, je me réveillai dix fois dans la nuit, et le 7, avant le jour, tout le monde était debout.

Au jour, nous revîmes la terre; mais, encore assez éloignés d'elle, nous ne pûmes distinguer l'entrée de la baie.

De cinq heures du matin à midi, nous courûmes vent largue. A midi seulement, nous commençâmes à distinguer l'écartement des terres qui formaient l'ouverture.

L'aspect de la baie nous présentait à droite deux roches écartées à leur base, mais rapprochées à leur sommet, et, par ce rapprochement, formant une voûte.

Tout le bord de la mer resplendissait de sable blanc comme de la poussière d'argent. C'était au fort Williams seulement que commençait à apparaître la verdure.

A gauche, des montagnes rocheuses par le

bas, mais verdissantes à un tiers de leur hauteur.

Sur ces montagnes paissaient des troupeaux de vaches et de bœufs.

Au reste, nous abandonnâmes bientôt du regard ce côté gauche, sur lequel on n'a affaire qu'à Sauroleta, petite baie où relâchent quelques navires, et toute notre attention se concentra sur le côté droit.

Nous approchions du fort Williams.

Le fort Williams dépassé, deux îles sont en vue : l'Angèle et l'île aux Cerfs.

A droite, on commence alors d'apercevoir quelques habitations formant un fermage au milieu de la verdure, mais sans un seul arbre. C'est le Présidio.

Autour de cette espèce de village, nous apercevons pour la première fois des chevaux et des mulets.

Sur une montagne plus élevée que les autres se dresse le télégraphe avec ses longs bras noirs et blancs, toujours en mouvement pour annoncer l'arrivée des navires.

Au bas du télégraphe sont quelques maisons en bois et une cinquantaine de tentes.

En face du télégraphe est le premier mouillage. C'est le lazaret en plein air où l'on purge sa quarantaine.

Comme nous n'avions touché aucun pays suspect, une fois reconnus par la santé, nous eûmes permission de débarquer.

Aussitôt, plusieurs sociétaires en profitèrent pour descendre à terre et chercher un endroit où placer les tentes. Les tentes devaient être faites avec les draps de nos lits. Quant à nos maisons tant promises, il n'y fallait pas songer; elles étaient engagées et demeurèrent sans doute en gage, car jamais nous n'en entendîmes parler.

Les sociétaires étant descendus, Mirandole et Gauthier à leur tête, ils allèrent à la découverte de l'endroit dit le Camp-Français, où toutes les sociétés françaises arrivées jusqu'alors en Californie étaient descendues.

Ils ne tardèrent point à découvrir l'emplacement, qui était parfait.

Le lendemain, au jour, sur les renseignements donnés par nos amis, nous prîmes pelles et pioches et descendîmes à terre.

On se prépara immédiatement à s'installer.

Ce fut le 8 janvier, à huit heures du matin, que nous touchâmes le sol de la Californie avec une chaloupe appartenant à l'un de nous, qui l'avait mise à la disposition de la Société.

Nous déposâmes nos effets au pied du Camp-Français.

J'avais dans ma bourse un sou, un centime, et je devais dix francs à un de mes camarades.

C'était toute ma fortune ; mais enfin j'étais arrivé.

Un mot sur cette terre qui nous gardait tant de déceptions.

Il y a deux Californies : la vieille et la nouvelle.

La vieille, qui appartient aujourd'hui encore au Mexique, baignée à l'est par la mer Vermeille, qui doit ce nom à l'admirable teinte de ses eaux au lever et au coucher du soleil, à l'ouest et au sud par l'océan Pacifique, se rattache au nord à la nouvelle Californie par un isthme de vingt-deux lieues de large.

Ce fut Cortez qui la découvrit. A l'étroit dans la capitale du Mexique, dont les Espagnols venaient de s'emparer, le 13 août 1521, l'aventureux capitaine fit construire deux caravelles, prit le commandement de l'expédition, et le 1er mai 1535, il reconnut la côte orientale de la grande péninsule; le 3, il mouilla dans la baie de la Paz, par 24° 10 de latitude nord et 112° 20 de longitude ouest, et prit possession au nom de Charles-Quint, roi d'Espagne et empereur d'Allemagne.

D'où lui vient le nom de Californie, qu'elle porte, dès l'époque de sa découverte, dans l'ouvrage de Bernal Diaz del Castillo, compagnon d'armes et historien de Fernand Cortez? De *Calida Fornax*, disent quelques-uns, ou plutôt, comme le croit le père Venegas, de quelque mot indien dont les premiers conquérants n'ont jamais su ou ont négligé de nous transmettre le sens.

Son ancienne capitale était Loreto, qui ne compte plus guère aujourd'hui que trois cents habitants. Sa capitale actuelle est Real de San-Antonio, qui en compte huit cents.

Toute la population de cette péninsule, qui peut avoir deux cents lieues de long, ne monte pas à six mille âmes.

La nouvelle Californie, appelée par les Anglais et les Américains la haute Californie, est située entre le 32° et le 42° degré de latitude nord, et le 110° et le 127° de longitude occidentale.

Son étendue, du nord au sud, est de deux cent cinquante lieues, et, de l'est à l'ouest, de trois cents lieues.

La nouvelle Californie, comme la vieille, fut découverte par les Espagnols, ou plutôt par un Portugais au service de l'Espagne.

Ce l'ortugais se nommait Rodriguez Cabrillo ; il était parti le 27 janvier 1542 pour essayer de préciser le fameux passage que, quarante et un ans auparavant, Gaspard de Corteseal crut avoir trouvé à travers l'Amérique du Nord. Ce passage n'était autre que celui qui est connu aujourd'hui sous le nom de détroit d'Hudson, et qui se jette dans la baie du même nom, laquelle est une véritable mer intérieure.

Le 10 mars 1543, Rodriguez Cabrillo reconnut le grand cap Mendocin, qu'il nomma Mendoza en l'honneur du vice-roi du Mexique, qui portait ce nom.

En redescendant vers le 37° degré, il aperçut une grande baie à laquelle il donna le nom de *bahia de Pinos* ou baie des Pins.

Cette baie est probablement celle de Monterey.

En 1579, le navigateur anglais Francis Drake, après avoir détruit une quantité d'établissements espagnols dans la mer du Sud, reconnut la côte de la Californie entre la baie de San-Francisco et la pointe de Rodega.

Il prit à son tour possession de la contrée au nom d'Élisabeth, reine d'Angleterre, et nomma cette contrée la *Nouvelle-Albion*.

Vingt ans après, Philippe III jeta les yeux sur ce beau pays, dont on lui avait raconté des merveilles, et donna l'ordre au vicomte de Monterey, vice-roi du Mexique, d'y former un établissement.

Le vice-roi chargea un des plus hardis et des plus habiles marins du temps de cette expédition. Ce marin se nommait Sébastien Viscaino.

Le 5 mars 1602, il partit d'Acapulco, remonta la côte jusqu'au cap Mendocin, qu'il reconnut, redescendit jusqu'à la pointe des Pins, entra dans cette fameuse baie qu'avait signalée Cabrillo, et donna, au point où il prit terre, le nom de Monterey, en l'honneur du vice-roi Monterey, comme Cabrillo avait fait pour le cap Mendoza.

M. Ferry, dans son savant ouvrage sur la Californie, cite les lignes suivantes, qu'il extrait du compte rendu de l'expédition du général Viscaino.

Aujourd'hui encore on peut reconnaître l'exactitude de cette relation faite il y a deux cent cinquante ans :

« Le climat de ce pays est doux, dit l'amiral de Philippe III ; le sol, couvert d'herbe, est extrêmement fertile ; le pays bien peuplé ; les naturels sont si humains et si dociles, qu'il sera facile de les convertir à la foi chrétienne et de les rendre sujets de la couronne d'Espagne.

« Ledit Sébastien Viscaino ayant questionné les Indiens et beaucoup d'autres qu'il trouva au bord de la mer sur une grande étendue de côtes, ils lui apprirent qu'au delà de leur pays, il y avait plusieurs grandes villes et quantité d'or et d'argent, ce qui lui fait croire qu'on pourra y découvrir de grandes richesses. »

Malgré ce rapport, l'Espagne méconnut toujours l'immense valeur de sa colonie ; elle se contentait d'envoyer des gouverneurs et des missionnaires, qui étaient protégés par ces établissements militaires qu'on appelle aujourd'hui encore des présidios.

Peu à peu, les Indes se détachèrent lambeau par lambeau de la métropole ; les unes furent conquises par les Anglais ou les Hollandais, les autres se constituèrent en empires ou en royaumes indépendants. Il en fut ainsi de la république du Mexique, à laquelle se réunirent les deux Californies.

Bientôt la mauvaise administration de la république mexicaine commença d'éloigner d'elle les provinces. Le Texas, qui s'était déclaré indépendant dès 1836, propose à son congrès, le 12 avril 1844, un traité d'annexion aux États-Unis.

Ce traité, d'abord refusé par les États américains, fut définitivement adopté par les deux chambres le 22 décembre 1845.

C'était chose grave pour le Mexique que cette lacération de son territoire. Aussi le gouvernement mexicain résolut-il de lever une armée et de disputer la propriété du Texas aux États-Unis.

Une armée de quatre mille hommes, commandée

par les généraux Taylor et Scott, se mit en marche pour maintenir ses droits sur le Texas.

Les Mexicains réunirent une armée de huit mille hommes.

Le 7 mai 1846, les deux armées se rencontrèrent dans la plaine de Palo Alto. Le combat s'engagea ; les Mexicains furent battus, repassèrent le Rio-Bravo et se réfugièrent dans la ville de Matamoros.

Le 18 mai suivant, Matamoros se rendit.

En même temps, les Américains avaient envoyé le commodore John Lloat avec une flotte pour faire la guerre des côtes, en même temps que le général Taylor faisait la guerre d'intérieur.

Le 6 juillet 1846, la flotte américaine s'emparait de Monterey, capitale de la Nouvelle-Californie.

A la fin de l'année, l'armée de terre américaine occupait les provinces du Nouveau-Mexique, de Tamaulipas, de Nuevo-Léon, de Cohahuela, et l'armée de mer la Californie.

Tout en marchant vers Mexico, le général Taylor déclarait les immenses provinces qu'il traversait conquêtes du gouvernement américain, et prononçait leur réunion aux provinces-unies.

Le 22 février 1847, les deux armées ennemies se joignirent de nouveau dans le Nuevo-Léon, entre l'extrémité sud de la sierra Verde et les sources du Lione, dans la plaine de la Buena-Vista.

L'armée américaine était forte de trois mille quatre cents fantassins et de mille cavaliers.

Après deux jours de combats acharnés, l'armée mexicaine fut forcée de se retirer sur San-Luiz-de-Potosi ; elle laissait deux mille morts sur le champ de bataille. Le nombre des blessés était considérable ; mais, comme elle en emmenait une partie, on ne put le connaître.

Les Américains avaient perdu sept cents hommes.

« Encore une victoire comme celle-là, disait Pyrrhus, et nous sommes perdus. »

Ce fut dans ces termes à peu près que le général Taylor écrivit au congrès.

Le congrès de Washington vota neuf régiments de volontaires, et à chacun de ces volontaires ayant servi un an dans la guerre du Mexique, il accorda une concession de cent soixante acres de terre ou cent dollars de rente à 6 pour 100.

La même loi augmentait la solde de l'armée régulière, qui était déjà de 43 francs par mois.

Pour subvenir aux dépenses de cette guerre, il créait en outre un nouveau papier jusqu'à concurrence de vingt-huit millions de dollars.

L'escadre américaine devait s'emparer de Véra-Cruz comme elle s'était emparée de Monterey.

Véra-Cruz, c'était la clef de Mexico.

Le 22 mars 1849, une armée de douze mille hommes, secondée par l'escadre du commodore Perry, mettait le siége devant la Véra-Cruz, et le bombardement commençait.

Au bout de cinq jours de bombardement, la ville se rendait, et le château de Saint-Jean-d'Ulloa avec elle.

Le 16 avril, le général Scott quitta sa position et marcha sur Mexico avec dix mille hommes.

L'armée mexicaine, forte de douze mille hommes

et commandée par le général Santa-Anna, l'attendait à deux journées de la Véra-Cruz, dans le défilé de Cerro-Gardo, véritables Thermopyles où devait être détruite l'armée mexicaine.

La route était coupée par une tranchée derrière laquelle s'apprêtait à tonner une redoutable artillerie.

La montagne, de sa base à son sommet, n'était qu'un immense retranchement.

Les Américains n'hésitèrent pas : ils attaquèrent, comme disent leurs ennemis les Mexicains, le taureau par les cornes.

La lutte fut terrible. On se battit corps à corps ; chevaux, cavaliers, fantassins, roulaient dans les précipices, se tuant de la chute quand ils n'étaient pas tués de la blessure. La boucherie dura quatre heures. Au bout de quatre heures, le défilé était forcé, et les Mexicains laissaient aux mains de leurs ennemis six mille prisonniers et trente pièces de canon.

Le 20, Jalappa était prise. Huit jours après, le château fort de Pérotte se rendait à son tour.

Le général Scott marcha sur Puebla et occupa Puebla.

Il n'était plus qu'à vint-huit lieues de Mexico.

Il était entré avec six mille hommes dans cette ville, qui compte soixante mille habitants.

Le 19 et le 20, il s'empara des positions de Contre-Bas et de Charabusco.

Le 13 septembre, le général Scott attaquait les positions de Capultepec et du Moulin-du-Roi.

Enfin, le 16 septembre 1847, les Américains, vainqueurs dans toutes les rencontres, faisaient leur entrée dans la capitale du Mexique (1).

Le 2 février 1848, après trois mois de négociations, la paix fut signée entre le Mexique et les États-Unis, moyennant la cession aux États-Unis du Nouveau-Mexique et de la Nouvelle-Californie pour la somme de quinze millions de dollars (soixante-dix-huit millions de francs).

---

(1) Voir au besoin, pour plus grands détails, l'ouvrage de M. Ferry, *Description de la Nouvelle-Californie.*

En outre, les États-Unis, jusqu'à concurrence de cinq millions de dollars, se chargeaient de répondre aux réclamations qu'élèveraient contre le Mexique les sujets texiens ou américains

La somme totale, outre les frais de la guerre, s'élevait donc, pour les Américains, à la somme de cent six millions de francs, à peu près.

L'échange des ratifications eut lieu le 3 mai 1848.

Le 14 août suivant, le congrès américain rendait un décret qui étendait aux peuples de la Californie les bénéfices des lois de l'Union.

Il était temps : l'Angleterre marchandait la Californie au Mexique, et probablement le Mexique la lui eût cédée, si, dans ce moment-là, la Californie, comme nous allons le voir, n'eût été occupée elle-même par les Américains.

V

LE CAPITAINE SUTTER.

Pendant que les généraux Taylor et Scott s'emparaient du Mexique, voici ce qui se passait en Californie.

En 1845, la population blanche de la Californie, montant à dix mille âmes à peu près, s'était révoltée contre le Mexique et avait mis à sa tête un Californien nommé Pico.

A ce mouvement s'étaient ralliés trois chefs de l'ancien gouvernement : Vallejo, Castro et Alvarado.

Le général Michel Torena, gouverneur de la contrée pour le Mexique, marcha contre les insurgés.

Le 21 février 1845, il rencontra Castro. On en vint aux mains : le général Michel Torena fut battu.

Alors Pico fut nommé gouverneur de la Californie, et José Castro prit le commandement des troupes.

Michel Torena, comprenant qu'il n'y avait rien à faire contre un pareil mouvement, s'embarqua sur un navire américain avec ceux de ses officiers et de ses soldats qui voulurent le suivre, et se fit conduire à San-Blas.

C'est en ce moment que l'ordre fut donné par le congrès au commodore John de s'emparer de Monterey.

Les insurgés, regardant désormais le pays comme à eux, après en avoir chassé les Mexicains, résolurent de le défendre contre les Américains.

Il y avait alors dans le Nouveau-Mexique, sur les

bords du Rio-Grande, au pied des monts Anahuœc, un officier américain commandant un régiment de dragons, et se nommant Stephan-W. Kearny. Les yeux fixés sur la Nouvelle-Californie, il commençait à s'inquiéter des graves embarras auxquels allaient être exposés les résidents américains qui habitaient ce pays, lorsqu'il reçut l'ordre du congrès de franchir la sierra, de descendre sur les bords du Colorado et d'aller avec son régiment, à travers les déserts inconnus des Indiens Ajoutas et du lac de Nicolet, appuyer les opérations de l'escadre américaine et protéger les nationaux établis dans la contrée.

C'est un de ces ordres comme les gouvernements en donnent dans leur ignorance des localités, mais qui deviennent impossibles à exécuter pour ceux qui les reçoivent.

Il était impossible, en effet, d'engager tout un régiment dans de pareilles solitudes, que sillonnent seulement les chasseurs et les Indiens.

Le colonel Kearny prit cent hommes et partit

avec eux pour la Californie, laissant le reste de son régiment sur les bords de Rio-Grande del Norte.

D'un autre côté, vers le lac Pyramide, au nord de la Nouvelle-Helvétie, un autre officier américain, le capitaine Frémont, du corps des ingénieurs topographes, explorait la Californie, et, se trouvant au milieu de l'insurrection, il organisait, se faisant une petite armée des nationaux américains, une résistance aux dispositions hostiles du nouveau gouverneur Pico.

Ainsi, sur trois points, l'Amérique avait déjà pénétré ou allait pénétrer en Californie.

Avec le commodore John, elle abordait à Monterey.

Avec le capitaine Frémont, elle se retranchait dans la plaine des Trois-Buttes.

Avec le colonel Kearny et ses cent hommes, elle descendait des montagnes Rocheuses.

Au milieu de l'insurrection générale, éclatait en même temps une insurrection partielle.

Ces nouveaux insurgés avaient pris le titre de *bears*, — ours.

Leur étendard s'appelait *Bear-Flag*, — étendard de l'Ours.

Les ours marchèrent sur Sonoma, petite ville située à l'extrémité nord de la baie de San-Francisco, et s'emparèrent du fort.

Castro, un des chefs de la première insurrection, marcha sur Sonoma, ignorant que, de son côté, le capitaine Frémont, ayant quitté sa position des Buttes, faisait le même mouvement que lui.

Les deux avant-gardes californienne et américaine se rencontrèrent au pied du fort.

L'avant-garde américaine forte de quatre-vingt-dix hommes.

L'avant-garde californienne forte de soixante et dix hommes.

Le capitaine Frémont attaqua l'avant-garde ennemie, la dispersa, se retourna contre le fort et le prit avec tout son matériel.

Les Américains étaient arrivés sur la baie de

San-Francisco. De là, ils donnaient la main à la ville, presque entièrement peuplée d'Américains.

Au mois d'octobre 1846, le capitaine Frémont apprit que le commodore Stockton était mouillé devant San-Francisco. Il alla aussitôt le rejoindre avec cent quatre-vingts volontaires, laissant garnison dans le fort de Sonoma.

Le commodore Stockton fit embarquer cette petite troupe et la dirigea sur Monterey, où elle arriva le lendemain.

Là, elle se recruta de deux cent vingt volontaires, et forma un total de quatre cents hommes à peu près.

Sur ces entrefaites, le consul américain, M. Olarkin, se rendant de Monterey à San-Francisco, fut enlevé par une de ces bandes californiennes qui battaient le pays. Le capitaine Frémont apprit cet événement, s'élança à la poursuite de cette troupe, l'atteignit, la mit en fuite après une assez vive fusillade, et délivra M. Olarkin.

Pendant ce temps, avec des fatigues incroyables,

manquant souvent des choses de première nécessité, le colonel Kearny, avec ses cent hommes, avait franchi les montagnes Rocheuses, avait traversé les plaines sablonneuses des Indiens Navajoas, avait passé le Colorado, et était arrivé à Agua-Caliente, en passant entre le pays des Indiens Mohaves et celui des Indiens Yumas.

Arrivé là, il trouva une petite troupe d'Américains, commandée par le capitaine Gillespie, qui lui apprit d'une façon positive ce qui se passait en Californie, et que, devant lui, une troupe de sept à huit cents hommes, commandés par le général Andréas Pico, tenait la campagne.

Le colonel Kearny compta ses hommes. Ils étaient cent quatre-vingts en tout, mais bien résolus, bien disciplinés.

Il donna aussitôt l'ordre de marcher à l'ennemi.

Américains et Californiens se rencontrèrent le 6 décembre dans la plaine de San-Pasqual.

L'engagement fut terrible : vaincue, la petite troupe américaine était anéantie.

Elle fut victorieuse. Le colonel Kearny, qui, à partir de ce moment, prit le titre de général, reçut deux blessures, eut deux capitaines, un lieutenant, deux sergents, deux caporaux et dix dragons tués.

De leur côté, les Californiens perdirent deux ou trois cents hommes.

Le lendemain, un détachement de marins envoyés par le commodore Stockton rejoignait Kearny, à la rencontre duquel il avait été envoyé.

Renforcé par lui, il continua sa marche vers le nord, eut, le 8 et le 9 décembre, avec les Californiens, deux nouveaux engagements, et dans ces deux engagements, comme dans le premier, il resta maître du champ de bataille.

En même temps, Castro, fugitif, allait se jeter dans la troupe du capitaine Frémont, et, enveloppé par elle, faisait sa soumission.

Restaient quelques troupes californiennes aux environs de los Angeles.

Dans les premiers jours de 1847, le capitaine

Frémont faisait sa jonction avec le général Kearny. Les deux troupes réunies marchèrent aussitôt sur los Angeles ; elles battaient les insurgés le 8 et le 9 janvier, et le 13 entraient dans la ville de los Angeles.

La Californie était soumise.

Le capitaine Frémont fut promu au grade de colonel, et nommé gouverneur militaire de la contrée.

Dans le courant de février, enfin, le général Kearny publiait une proclamation dans laquelle il déclarait qu'affranchis de leur serment envers le Mexique, les Californiens étaient citoyens des États-Unis.

Ce fut quelque temps après, comme nous l'avons dit, que fut signé le traité entre les États-Unis et le Mexique, traité dans lequel, moyennant quinze millions de dollars, le Mexique cédait aux États-Unis le Nouveau-Mexique et la Nouvelle-Californie.

Il y avait à ce moment-là en Californie un capitaine d'origine suisse, qui, capitaine dans la garde royale lors de la révolution de 1830, avait, après cette révolution, résolu d'aller chercher fortune en Amérique.

Après un séjour de plusieurs années dans le Missouri, il avait, en 1836, quitté cette province pour l'Oregon, contrée dont on commençait à vanter les ressources, et vers laquelle, depuis 1832, se dirigeaient quelques émigrants.

M. Sutter franchit les montagnes Rocheuses, traversa les plaines habitées par les Nez-Percés, les Serpents, les Cœurs-d'Alène, et arriva au fort Vancouver.

De là, il passa aux îles Sandwich, et en 1839 se fixa définitivement en Californie.

Le gouverneur de la province encourageait alors la colonisation. Il donna gratuitement au capitaine Sutter une étendue de trente lieues carrées sur les deux rives du Sacramento, au lieu dit la Fourche-Américaine.

En outre, le gouvernement mexicain conféra à M. Sutter des pouvoirs illimités dans toute l'étendue de son district, tant pour l'administration de la justice que pour la direction des affaires civiles et militaires (1).

M. Sutter choisit un monticule situé à deux milles du Sacramento pour y établir sa résidence. Cette résidence ne devait pas être une simple maison, mais un fort.

Il traita avec un chef de tribu qui s'engagea à lui fournir autant de travailleurs qu'il en pourrait occuper. Il fit prix avec eux, s'engageant à les nourrir convenablement et à les payer en étoffes et en quincailleries.

Ce sont les Indiens qui creusèrent les fossés du fort Sutter, qui fabriquèrent les briques et qui élevèrent les murailles.

Ce fort bâti, il s'agit de lui donner une garnison. Cette garnison fut prise parmi les indigènes. Cinquante Indiens furent habillés, disciplinés, instruits aux manœuvres, et gardèrent le fort avec la même fidélité, mais certes avec une plus active surveil-

---

(1) M. Ferry, *Nouvelle-Californie*.

lance que n'eussent fait des troupes européennes.

Ce fort fut le prétexte d'une petite cité qu'on appela Sutterville, du nom de son fondateur, en 1848. Cette cité, ou plutôt ce commencement de cité, se composait d'une douzaine de maisons.

Sutterville est à deux milles à peu près du fort.

M. Sutter avait transporté à peu près tous nos arbres fruitiers d'Europe en Californie, et consacrait plusieurs hectares de terrain à leur culture. La vigne surtout avait prospéré et donnait de magnifiques produits.

Mais la véritable richesse de M. Sutter, à cette époque où l'or n'était pas encore découvert, c'était l'élève du bétail et la récolte des céréales.

En 1848, M. Sutter avait récolté quarante mille boisseaux de blé.

Mais alors allait être découverte pour lui une autre source de richesse bien autrement considérable.

La découverte des mines de Potosi fut due à un

Indien qui poursuivait dans la montagne un bœuf échappé à son troupeau.

La découverte des mines du Sacramento fut due à un hasard aussi inattendu.

M. Sutter eut besoin de planches pour ses constructions. A mille pieds à peu près au-dessus de la vallée du Sacramento, commence à pousser, avec une admirable vigueur, une espèce de pin que M. Sutter jugea propre à lui donner les planches qu'il désirait.

Il passa un marché avec un mécanicien nommé M. Marshal, pour faire construire, à portée de ces pins, une scierie mise en mouvement par une chute d'eau ; la scierie fut construite sur la forme arrêtée et dans les délais convenus.

Seulement, il arriva que, lorsqu'on lâcha l'eau sur la roue, le sas de cette roue se trouva trop étroit pour laisser échapper le volume d'eau qu'il recevait. C'eussent été de grands frais et de grands retards que de corriger ce défaut ; le mécanicien laissa tout simplement à la chute d'eau le soin de creuser

elle-même son passage, en approfondissant le sas
de la roue; il en résulta qu'au bout de quelques
jours un amas de sable et de détritus se forma au
bas de la chute (1).

En visitant sa scierie pour savoir si la chute
d'eau avait agi selon ses prévisions, M. Marshal
aperçut dans le sable accumulé quelques particules
brillantes qu'il ramassa et dont il eut bientôt reconnu la valeur.

Ces paillettes brillantes étaient de l'or pur.

M. Marshal fit part de sa découverte au capitaine
Sutter; tous deux se promirent de garder le secret;
mais, cette fois, c'était le secret du roi Midas, et
dans le frémissement des roseaux, dans le bruisse-
ment des arbres, dans le murmure des ruisseaux,
on distingua ces mots que devaient bientôt répé-
ter les échos les plus éloignés : DE L'OR! DE L'OR!
DE L'OR!

---

(1) Rapport du capitaine Maron au brigadier général
R. Jones, secrétaire de la guerre à Washington.

Ce ne fut d'abord qu'une rumeur vague, qu'un bruit sans consistance; cependant, il suffit pour faire accourir les plus aventureux des habitants de San-Francisco et de Monterey.

Mais presque aussitôt parurent les rapports officiels du colonel Maron, de l'alcade de Monterey, du capitaine Folson et du consul de France, M. Moerenhout.

Dès lors, il n'y eut plus de doute. Le Pactole n'était plus une fable, l'Eldorado n'était plus un conte, la terre d'or était trouvée.

Et de chaque point du monde, comme vers la montagne d'aimant des *Mille et une Nuits*, commencèrent à voguer, comme vers un centre unique, les vaisseaux de toutes les nations.

Aussi veut-on voir dans quelle progression la population s'est accrue en Californie?

En 1802, le savant Humboldt en fait la statistique. Il trouve 1,300 colons blancs et 15,562 Indiens convertis.

En 1842, M. de Mofras fait un second dénombrement : de 1,300, les colons ont monté jusqu'à 5,000. En même temps, le nombre des Indiens répandus dans l'intérieur est évalué à 40,000.

Au commencement de 1848, la population blanche atteint le chiffre de 14,000 ; la population indigène reste stationnaire.

Le 1ᵉʳ janvier 1849, la population blanche est de 26,000 âmes ; au 11 avril, elle est de 33,000 ; au 1ᵉʳ décembre, elle est de 58,000.

En quelques mois, ces 58,000 âmes s'augmentent de 3,000 Mexicains arrivés par terre de la province de Sonora, de 2,500 voyageurs de tous pays, arrivant par Santa-Fé, et de 30,000 émigrants arrivant par les plaines du Nord.

Enfin, à l'époque de notre arrivée, c'est-à-dire vers le commencement de janvier 1850, la population monte à 120,000 âmes à peu près.

En 1855, elle sera d'un million, et la ville de San-Francisco sera probablement une des plus peuplées du monde.

C'est une loi de la pondération : l'Orient se dépeuple au profit de l'Occident, et San-Francisco naissant est une compensation à Constantinople qui meurt.

VI

JE ME FAIS COMMISSIONNAIRE.

J'ai dit que nous étions arrivés le 8, à huit heures du matin.

Le jour de l'arrivée se passa pour nous en terrassements et en bâtisses de tentes.

Quatre de nous étaient partis pour chercher des piquets; les uns battaient la terre, les autres fabriquaient les tentes. J'étais de ces derniers.

Quant aux femmes, treize sur quinze étaient parties immédiatement pour San-Francisco, où, si impatientes qu'elles fussent d'être arrivées, elles étaient attendues plus impatiemment encore.

En effet, il y avait en ce moment-là, à San-Francisco, vingt femmes, je crois, pour quatre-vingts à cent mille hommes.

Aussi plusieurs bâtiments étaient-ils partis pour en charger au Chili.

J'ai toujours regretté de ne pas avoir vu l'effet produit par nos treize passagères à leur arrivée à San-Francisco.

Il y en eut cinq ou six qui n'allèrent pas même jusqu'à l'auberge.

Vers midi, le jour même de mon arrivée, je retrouvai Tillier, arrivé quinze jours avant moi et établi au camp français.

Il va sans dire que nous nous revîmes avec une grande joie et que je partageai sa cabane jusqu'à ce que la mienne fût finie.

Il était commissionnaire sur le port.

L'un de nos sociétaires avait sa femme; elle se chargea de faire la cuisine, et l'on envoya l'un de nous en provision, en le renseignant avec grand soin sur les prix courants.

Notre messager acheta du bœuf pour faire la soupe.

La soupe était l'objet de notre ambition ; la soupe, c'était ce qui nous avait le plus manqué pendant la traversée.

Heureusement, le bœuf était diminué de moitié : de cinq francs, il était tombé à cinquante sous la livre.

De nos provisions, il nous restait encore du sucre et du café.

Ce que notre messager nous dit du prix courant de toute chose était effrayant.

Le pain variait de vingt-cinq à trente sous la livre ; mais, nous l'avons dit, il avait valu un dollar.

Une chambre de six à huit pieds de large se louait cinq cents francs par mois, payés d'avance bien entendu.

Une petite maison de trois ou quatre pièces se louait trois mille francs par mois.

Sur le square de Portsmouth, la maison de l'Eldorado avait coûté cinq millions et demi à bâtir. Elle rapportait de location six cent vingt-cinq mille francs par mois.

Cela se comprendra quand on saura que la journée d'un terrassier se payait de quarante à soixante francs, et celle d'un charpentier de quatre-vingts à cent.

Un terrain concédé presque gratuitement par le gouvernement, six ou huit mois avant notre arrivée, valait, au commencement de 1850, de cent à cent cinquante mille francs le carré de cent pieds.

Nous avons vu acheter par un de nos compatriotes, en adjudication publique, un terrain de quarante-cinq à cinquante pieds de face, soixante mille francs payables en cinq ans ; trois jours après cet achat, il le louait soixante-quinze mille francs pour dix-huit mois, avec la condition que toutes les constructions faites dessus lui appartiendraient à cette époque.

La proportion était gardée d'ailleurs des petites

aux grandes choses. On a beaucoup raillé ce pauvre marchand d'œufs qui, voyant un marchand de marrons faire fortune en criant : « Marrons de Lyon ! » s'était avisé de crier : « Œufs frais de Lyon ! » Ce marchand eût fait fortune à San-Francisco, où les œufs frais *venant de France* se payaient cinq francs.

Il y a une histoire de deux fromages de Gruyère devenue proverbiale à San-Francisco. Comme c'étaient les seuls fromages de Gruyère qui y eussent jamais abordé, ils constituaient une aristocratie et se vendirent jusqu'à treize francs la livre.

Deux bateliers et leur embarcation se louaient deux cents francs pour six heures.

Une paire de bottes de marin, montant au-dessus du genou et qui sont un meuble indispensable pour marcher quand il pleut dans la ville basse, valait de deux cents à deux cent cinquante francs l'hiver, et de cent à cent cinquante francs l'été.

Il y avait grand nombre de médecins ; mais la plupart n'étaient que des charlatans qui furent obligés d'adopter d'autres industries. Trois ou quatre seulement avaient de la réputation et étaient en vogue ; ils faisaient payer leurs visites de quatre-vingts à cent francs.

Aussi citait-on des fortunes incroyables ; quelques-uns de nos compatriotes, arrivés un an auparavant avec un ou deux mille francs dans leur poche, avaient de notre temps vingt-cinq mille livres de rente, non pas par an, mais par mois, et cela en dehors des bénéfices de leur commerce.

En général, ces fortunes énormes venaient de locations d'appartements et de spéculations faites sur des terrains.

Ah ! j'oubliais : plus tard, j'ai marchandé un petit fourneau économique.

On me l'a fait huit cents francs !

Je n'étais pas encore assez économe pour faire de pareilles économies.

Toutes ces histoires, qui ressemblaient fort à des contes, étaient faites pour répandre tout ensemble l'espérance et l'effroi dans le cœur des pauvres débarqués.

Nous restions vingt-cinq de notre société : quatre étaient partis dès le même jour pour les mines.

C'étaient ceux qui avaient de l'argent.

Cela ne nous étonna point qu'à Valparaiso les rapports eussent été si contradictoires. A peine si, à San-Francisco même, on savait à quoi s'en tenir. Les placers les plus proches, c'est-à-dire du San-Joaquin, étaient à dix ou douze journées de la ville.

Si opposés que fussent les bruits qui arrivaient d'écho en écho, c'était cependant encore le métier de chercheur d'or qui etait le plus couru.

Mais c'était comme pour être mendiant à Saint-Eustache et à Notre-Dame-de-Lorette : il fallait déjà être riche pour se faire chercheur d'or.

Au reste, au moment de notre départ pour les mines, nous nous appesantirons sur les détails, et l'on verra quelle mise de fonds il faut à peu près pour remonter le Sacramento ou le San-Joaquin, et se faire mineur.

Voilà pourquoi je disais que les plus riches seulement avaient pu partir pour les placers.

On sait que je n'étais pas de ces plus riches, puisque j'ai retourné ma bourse devant mes lecteurs.

La question était donc de gagner la somme nécessaire au départ.

Par bonheur, j'avais dans Tillier, arrivé, comme je l'ai dit, quinze jours avant moi, un excellent initiateur à la vie californienne.

Nous restâmes quatre jours au camp français, occupés seulement à établir notre bivac.

Puis, le cinquième jour, chacun commença à travailler selon ses moyens, et à travailler pour la communauté; mais ce travail en communauté ne dura que quatre autres jours.

Le cinquième, la société fut dissoute.

Notre première industrie avait été de couper du bois dans la forêt située sur la route de la Mission et de vendre ce bois.

Nous avions trouvé un marchand qui nous l'achetait à raison de quatre-vingt-dix piastres la corde, quatre cent soixante et dix francs à peu près.

Ce bois était du petit chêne bon à brûler. Nous le transportions sur des civières, après l'avoir ébranché et scié.

Il était permis à tout le monde d'abattre du bois.

Cette forêt, aujourd'hui, à part quelques bouquets d'arbres qui semblent demeurés comme échantillons de ce qu'elle était, n'existe plus.

Ces bouquets sont demeurés les jardins de quelques maisons qui commencent à s'élever sur la route de la Mission, et qui seront un jour un des faubourgs de la ville.

Nous avons dit que cette association avait duré quatre jours : au bout de quatre jours, nous pouvions avoir gagné une centaine de francs chacun et nous nous étions nourris.

Cette première association rompue, chacun sépara ses tentes et ses effets des effets et des tentes des camarades, et commença à chercher fortune à sa fantaisie.

Je m'abandonnai à l'expérience de Tillier. Il me

conseilla de me faire portefaix comme lui, et, jeune et vigoureux, j'allai, avec ma civière et mes crochets, m'appuyer à l'angle d'une maison du port.

C'était, au reste, un excellent métier, dans lequel, grâce aux arrivages, la besogne ne manquait pas. Tillier et moi portions les petits fardeaux sur nos crochets, les gros sur notre civière, et il y avait telle journée où, à ce métier, qui rapporte cinq ou six francs à Paris, je gagnais à San-Francisco dix-huit et vingt piastres.

C'est pour la Californie qu'a été fait le proverbe : « Il n'y a pas de sot métier. » J'y ai vu des médecins balayeurs et des avocats laveurs de vaisselle.

On se reconnaît, on se serre la main et on rit. Chacun, en partant pour San-Francisco, doit faire provision d'une somme de philosophie égale à celle de Lazarille de Tormes et de Gil Blas.

J'étais devenu aussi économe là-bas que j'avais parfois été dépensier en France. Je vivais avec cinq ou six piastres par jour, trente à trente-cinq francs, ce qui était de la lésinerie.

Mais j'avais un but.

Ce but était d'amasser une somme suffisante à notre départ. Je tenais toujours pour certain que le véritable Eldorado était aux placers.

En deux mois, j'eus amassé près de quatre cents piastres, un peu plus de deux mille francs.

Tillier, arrivé quinze jours avant moi, avait à peu près deux cents piastres de plus que moi.

Pendant ces deux mois où je m'étais fait commissionnaire, j'avais eu le temps de parcourir et d'examiner la ville.

Nous avons dit comment la ville de San-Francisco avait pris naissance. — Disons ce qu'elle était à notre arrivée, c'est-à-dire un peu moins de dix-huit mois après sa fondation.

A notre arrivée en Californie, on pouvait compter, tant à San-Francisco qu'aux mines, à peu près cent vingt mille hommes.

Notre arrivée, nous l'avons dit, avait augmenté le nombre des femmes de quinze.

Au reste, comme si, dans ce nouveau monde ainsi que dans l'ancien, le superflu devait former l'avant-garde du nécessaire, plusieurs salles de spectacle avaient été construites, et, entre autres, celle dont nous avons parlé, située rue Washington, et où Hennecart était engagé.

Pour jouer la comédie dans cette salle, il ne manquait à notre arrivée qu'une chose, des acteurs.

Par bonheur, le navire qui avait porté M. Jacques Arago, resté à Valparaiso à la suite d'une émeute, portait aussi un acteur nommé M. Delamarre.

M. Delamarre, arrivé à San-Francisco, se trouva seul; par conséquent, pas de concurrence.

M. Delamarre commença par engager deux femmes, l'une arrivée à bord du *Suffren* et l'autre à bord du *Cachalot*.

On se rappelle que *le Cachalot* était notre bâtiment.

La première de ces dames s'appelait Hortense, la seconde Juliette.

Puis, ce premier noyau formé, il recruta à droite et à gauche, et, un mois après notre arrivée, une troupe était à peu près organisée.

Jusque-là, le théâtre n'avait servi qu'à des bals masqués, modelés sur ceux de l'Opéra ; seulement, vu l'absence de femmes, on s'intriguait entre hommes.

Mais il y avait une institution qui, si pressés que fussent les théâtres d'ouvrir leurs portes au public et leurs fenêtres à l'air, avait précédé concerts, bals masqués et représentations :

C'étaient les maisons de jeu !

A peine l'or fut-il trouvé, qu'il fallut trouver un moyen de le dépenser.

Or, le jeu, c'est le moyen par excellence.

C'était, en vérité, une chose curieuse que l'organisation intérieure d'une de ces maisons.

La plus fashionable, la plus courue, la plus riche en minerai, était celle qu'on apelait l'Eldorado.

Nous avons dit en minerai, parce que, là, il est extrêmement rare que l'on joue de l'or ou de l'argent monnayé.

Là, littéralement, on joue des montagnes d'or.

Aux deux bouts de la table sont des balances pour peser les lingots.

Quand on n'a plus de lingots, on joue sa montre, sa chaîne, ses bijoux.

Tout est bon pour la mise, tout a son estimation, tout a son prix.

Seulement, on va là comme à un combat : le fusil sur l'épaule, les pistolets à la ceinture.

Tout ce qu'il y avait de femmes à San-Francisco venait risquer là, le soir, le prix du *travail* de la journée, et elles se faisaient remarquer par leur acharnement à jouer et leur facilité à perdre.

Là était proclamée l'égalité la plus absolue : banquiers et portefaix jouaient à la même table.

Là étaient des *bars,* grands comptoirs sur lesquels on débite des liqueurs. Tout petit verre, toute demi-tasse, toute cerise ou prune à l'eau-de-vie se vendait deux réaux du Chili, c'est-à-dire un franc vingt-cinq centimes.

Les musiciens étaient installés dans la salle et faisaient concert depuis le matin jusqu'à dix heures du soir.

A dix heures du soir, leur journée était finie ; on les renvoyait. Les joueurs enragés restaient et s'égorgeaient en petit comité.

Nous avons dit que les femmes surtout se faisaient remarquer par leur acharnement à jouer et leur facilité à perdre.

C'est que la population féminine s'augmentait de jour en jour, et rapidement.

Nous avons parlé des bâtiments partis pour faire la traite des femmes.

Voici quelle était la spéculation de ces négriers d'une nouvelle espèce, dont l'industrie n'avait pas été prévue dans le traité du droit de visite.

Ils jetaient l'ancre aux endroits les plus fréquentés de la côte occidentale de l'Amérique de Sud, depuis le cap Blanc jusqu'à Valdevia, et, là, ils faisaient un appel à toutes les jolies femmes dont l'esprit aventureux voulait tenter la fortune en Californie. Or, sur ce point du globe, les jolies femmes au doux parler espagnol ne sont pas rares. Le capitaine du bâtiment faisait donc marché avec elles à la somme de soixante piastres, passage et nourriture compris ; puis, arrivées à San-Francisco, chacune se vendait de son mieux au plus offrant des amateurs qui accouraient attirés par le chargement. En général, le prix variait de trois à quatre cents piastres, de sorte que, les soixante piastres remboursées au capitaine, il restait encore un honnête bénéfice à la femme, qui, après avoir été l'objet de la spéculation, finissait par y être associée.

Or, il arrivait parfois que, le lendemain du jour où la femme s'était vendue trois ou quatre cents piastres, mécontente sans doute de son marché, elle se sauvait de chez son acquéreur et se revendait à un autre. Or, comme il n'y avait pas de loi qui protégeât ou garantît ce trafic, les acquéreurs en étaient pour leurs trois ou quatre cents piastres.

Au reste, toutes les autres industries s'élevaient concurremment avec celle-là.

A la tête des industries essentielles, plaçons la boulangerie.

Les boulangers étaient presque tous des Américains et des Français qui faisaient d'excellent pain. Ce pain, d'un dollar ou d'une piastre qu'il avait d'abord valu la livre, était, comme nous l'avons dit, tombé à un franc vingt-cinq centimes, prix qu'il valait à notre arrivée en Californie, et prix qu'il vaut encore aujourd'hui, à ce que je présume.

Venaient ensuite les épiciers, tous Américains, ce qui était fort triste pour les nouveaux débarqués qui ne savaient point l'anglais, attendu qu'un épicier américain qui ne comprend pas ce que vous lui demandez a cela de commun avec un marchand turc quelconque, c'est qu'il ne se donne point la peine de chercher à comprendre ; donc, du moment où il n'a pas compris du premier coup, c'est à vous de chercher dans les tonneaux, dans les caisses, dans les tiroirs, la chose dont vous avez besoin ;

quand vous l'avez trouvée, vous n'avez qu'à l'apporter sur le comptoir, et alors l'épicier consent à vous la vendre.

Venaient ensuite les cafés chantants : c'étaient les grands cafés ; ils attiraient beaucoup de monde ; le plus considérable s'appelait à la fois de trois noms : le café de Paris, le café des Aveugles et le café du Sauvage.

On y chantait la chansonnette ni plus ni moins qu'au café du passage Verdeau ou que dans les Champs-Élysées.

Dans le café de l'Indépendance, c'était mieux encore : on y chantait le grand opéra.

La consommation seule était payée.

Il est vrai que la consommation était chère. Nous avons dit ce que valait le petit verre : deux réaux du Chili ; la bouteille de lait se vendait une piastre, la bouteille de bordeaux trois piastres, la bouteille de champagne cinq.

Les restaurateurs étaient, en général, des Chinois,

faisant tout à la mode de leur pays : c'était une abominable cuisine.

Les aubergistes étaient Français; on les reconnaissait aux titres de leurs hôtels.

C'étaient : l'hôtel la Fayette, l'hôtel Laffitte, l'hôtel des Deux-Mondes.

Quelques modistes charmantes étaient établies ; mais, comme il n'y avait, à mon arrivée en Californie, que vingt ou vingt-cinq femmes, et, à mon départ, que deux ou trois mille, celles qui s'en étaient tenues aux simples bénéfices de leurs établissements avaient beaucoup souffert.

Cependant, lors de mon départ, ces établissements commençaient à prospérer.

Peu à peu aussi les cultivateurs arrivaient, apportant des grains. Ils visitaient les emplacements, achetaient ceux qui leur convenaient et commençaient des défrichements.

Ces terres appartenaient au gouvernement américain ou à des émigrés du Mexique.

En général, les acquéreurs payaient en récoltes le prix de leurs acquisitions.

Don Antonio et don Castro, son frère, qui ont fait le commerce, sont aujourd'hui riches de cinq à six millions.

Ils possèdent tout le littoral occidental de la baie de San-Francisco, et le littoral est couvert de troupeaux immenses.

Restait maintenant le métier de chercheur d'or, le plus séduisant et le plus couru de tous les métiers, celui que nous étions venus embrasser Tillier et moi, et dont les brillantes promesses nous avaient donné le courage de faire de si rapides économies.

VII

LES PLACERS.

Lorsque nous eûmes atteint le chiffre que nous nous étions fixé à nous-mêmes, c'est-à-dire lorsque je fus possesseur de quatre cents piastres, et Tillier de six cents, nous résolûmes de quitter San-Francisco et de partir pour les placers.

Restait à faire un choix entre le San-Joaquin et le Sacramento.

La question fut débattue avec ses avantages et ses désavantages; enfin, nous nous décidâmes pour le

San-Joaquin, qui est moins éloigné que le Sacramento et dont les mines passent pour être aussi riches.

Seulement, c'était une grande affaire que ce voyage.

D'abord, les bâtiments caboteurs, et ce commerce, que nous avons oublié de mentionner, est un des plus considérables de la Californie, d'abord les bâtiments caboteurs prennent, nourriture non comprise, quinze piastres par homme pour conduire jusqu'à Stockton. Or, comme les premiers placers, qui accompagnent presque toujours le cours des petites rivières affluant au San-Joaquin ou au Sacramento, sont pour le San-Joaquin encore distants de vingt-cinq à trente lieues de Stockton, il faut, à Stockton, acheter un mulet pour transporter jusqu'au placer ses vivres et ses ustensiles de travail.

Nos ustensiles de travail, ainsi que notre tente, furent achetés par nous à San-Francisco avant notre départ : car, chose que l'on pourrait croire impossible, tout renchérit encore au fur et à mesure que l'on s'enfonce dans les terres.

Nos ustensiles de travail se composaient de pelles, de pioches, de piques et de battées.

Une battée suffisait pour nous deux Tillier, puisque, dans les associations à deux, le travail se partage : l'un mine, l'autre lave.

La battée, instrument dont on se sert pour le lavage des terres, est une sébile en bois ou en fer-blanc de douze à seize pouces de diamètre, de forme conique, mais peu profonde et parfaitement unie en dedans.

Ces sébiles, selon leur grandeur, peuvent contenir de huit à douze litres ; elles se remplissent aux deux tiers de terre que l'on commence par bien frotter et bien laver en tenant la sébile sous l'eau, afin de séparer l'or de la terre et des pierres. Puiser de l'eau nouvelle, imprimer à la battée un mouvement oscillatoire à l'aide duquel on détache et rejette les parties plus légères que l'or, telle est la besogne du laveur, qui doit se tenir constamment dans l'eau jusqu'à la ceinture.

Le mineur est celui qui fait le trou et qui tire la terre de l'excavation.

Nous partîmes de San Francisco le...... et nous arrivâmes à Stockton le.....

Nous remontâmes par la baie de San-Pablo; nous laissâmes à notre gauche cinq ou six îles qui n'ont pas encore de nom, et qui feront un jour des jardins comme les îles d'Asnières et de Neuilly. Nous arrivâmes à l'embranchement du Sacramento et du San-Joaquin, puis nous abandonnâmes le Sacramento, qui s'élance vers le nord, pour suivre le San-Joaquin, qui s'en écarte brusquement et descend vers le sud.

Le premier affluent du San-Joaquin se compose de la réunion de trois rivières : la rivière Cosurnes, la rivière Mokelems.

La troisième rivière, celle du milieu, n'a pas encore de nom.

Elles arrosent des plaines d'une admirable fertilité, mais qui, aujourd'hui, sont encore envahies par les herbes sauvages, et particulièrement par la moutarde, dont les fleurs, d'un jaune brillant, se détachent, resplendissantes comme cet or que l'on va chercher, sur le feuillage sombre des chênes.

De temps en temps, on aperçoit une colline toute couverte de belle avoine, si haute qu'un homme à cheval y disparaît presque tout entier.

A vingt milles plus bas, la rivière Calaveras se jette à son tour dans le San-Joaquin.

Celle-là arrose de splendides prairies aux herbes dorées par le soleil; tout son cours est tracé par des chênes et par un charmant arbrisseau tout couronné de fleurs bleues dont la douce senteur arrivait jusqu'à nous.

A Stockton, ville de création toute nouvelle, comme l'indique son nom, et qui a été improvisée depuis deux ans, nous achetâmes deux mulets et nos provisions.

Les mulets nous coûtèrent cent vingt piastres chacun.

Quant aux provisions, elles se composaient de cinquante livres de farine qui nous avait coûté très bon marché, attendu qu'elle était avariée, et que, grâce à cette avarie, nous en avions eu ces cinquante livres pour sept piastres.

De deux jambons qui nous coûtaient vingt-deux piastres.

De quinze livres de biscuit qui nous coûtaient deux francs cinquante centimes la livre.

D'un pot de saindoux, à une piastre et demie la livre.

De vingt livres de haricots et de trois ou quatre livres de sel à douze sous la livre.

Tous ces achats opérés, la dépense de la route faite depuis San-Francisco jusqu'à Stockton, de mes quatre cents piastres il m'en restait cent vingt.

Un mulet fut chargé de nos ustensiles, un autre de nos provisions.

Nous partîmes pour le camp de Sonora, distant de quarante lieues à peu près de Stockton, et situé au-dessus de Mormon-Diggins, entre la rivière Stanislas et la rivière Toulème.

Nous comptions faire ces quarante lieues en chassant. J'avais mon fusil, ma baïonnette et mes pistolets tout neufs, rien de tout cela ne m'ayant encore servi.

Tillier, assez bon chasseur, était aussi bien armé que moi.

A partir de Stockton jusqu'au Stanislas, qui est la première rivière qu'on rencontre, on traverse des plaines magnifiques toutes parsemées d'arbres, tout émaillés de ces fleurs bleues dont j'ai déjà parlé, et que je reconnus, en les regardant de plus près, pour des lupins, et d'une autre fleur rouge-orange recherchant l'ombre des chênes, et que j'ai su depuis être le *pappy californica*.

Ces bouquets d'arbres étaient peuplés d'oiseaux magnifiques, de geais bleus, de pies tachetées, de faisans et d'une charmante perdrix huppée particulière à la Californie.

Quant aux quadrupèdes que nous rencontrâmes, c'étaient des écureuils gris et jaunes, des lièvres à immenses oreilles et des lapins de la grosseur d'un rat.

Nous fîmes lever quelques chevreuils, mais nous ne pûmes en tuer.

Au delà du Stanislas, qu'on passe sur un pont de bateaux, et dont, soit dit entre parenthèses, le passage nous coûta une piastre à chacun, nous continuâmes notre route, entrant dans des bois plus épais et commençant à gravir les premiers échelons de la montagne.

Quand nous ne voulions pas nous écarter à droite et à gauche pour chasser, nous avions une belle route frayée par les mulets et les voitures, et sur laquelle, à chaque instant, nous rencontrions des caravanes portant aux placers des vivres et des marchandises, ou revenant à vide pour charger à Stockton ou à San-Francisco.

Le soir venu, nous dressions nos tentes, nous nous enveloppions dans nos couvertures et nous dormions.

Nous arrivâmes à Sonora le cinquième jour après notre départ de Stockton ; mais, à Sonora, nous ne restâmes que vingt-quatre heures, car nous apprîmes par des camarades, de ceux-là mêmes qui étaient partis avec nous et que nous retrouvâmes, que les mines étaient mauvaises ; mais en même temps ils nous dirent que, du côté du Passo-del-Pin, de nouvelles mines avaient été découvertes que l'on disait beaucoup plus abondantes.

Le Passo-del-Pin était situé à trois ou quatre lieues de Sonora, dans une vallée profondément enfoncée entre deux montagnes.

Un chemin, d'ailleurs, était déjà tracé du camp de Sonora au Passo-del-Pin, à travers d'admirables forêts de chênes et de sapins, plus abondantes en gibier qu'aucune de celles que nous avions encore vues.

Arrivés au Passo-del-Pin vers cinq heures du soir, nous n'eûmes que le temps de mettre nos mules paître, de dresser notre tente et de faire notre souper.

D'ailleurs, nous avions si grande hâte de nous mettre à la besogne, que, dès le soir, nous cherchâmes une place où creuser.

On nous prévint alors que la place n'était point au choix des travailleurs, mais leur était désignée par un alcade.

Nous nous présentâmes chez cet alcade : il logeait, comme le commun des martyrs, sous une tente.

Par bonheur, c'était un brave homme qui nous reçut assez bien. Pour utiliser ses moments perdus, il tenait un débit de liqueurs, raison pour laquelle il désirait fixer autour de lui le plus grand nombre de travailleurs possible.

Aussi, secondant de son mieux notre impatience, le même soir, il nous accompagna, nous mesura notre place avec des piquets. C'était à nous de nous assurer, le lendemain, si cette place était bonne ou non.

Ce choix arrêté, nous allâmes prendre un petit verre chez l'alcade, puis nous rentrâmes chez nous.

Le lendemain, à sept heures du matin, nous nous mîmes à la besogne, fouillant tous les deux à l'envi sur un espace de six pieds carrés.

A deux pieds de profondeur, nous trouvâmes le roc

Cette trouvaille compliquait fort la situation, car nous n'avions aucun des instruments qui nous eussent été nécessaires pour le briser ou l'extraire; nous creusâmes alors en dessous et fîmes sauter le rocher avec de la poudre.

Nous eussions fait sauter une cathédrale, tant nous avions cœur à l'ouvrage.

Pendant cinq jours, nous continuâmes à extraire des pierres et de la terre.

Enfin, le sixième jour, nous trouvâmes la terre rougeâtre qui signale la présence de l'or.

Cette terre rougeâtre couvre ordinairement, dans l'épaisseur d'un pied ou d'un pied et demi, la terre aurifère. Elle est fine, légère, très douce au toucher, et presque entièrement composée de silice.

Arrivés à la couche aurifère, nous remplîmes notre battée; nous courûmes au petit ruisseau du Passo-del-Pin, et nous commençâmes l'opération du lavage.

Nous obtînmes un résultat en poudre d'or.

Ce résultat pouvait valoir dix francs, à peu près.

C'est égal, c'était, non pas le premier or que nous voyions, mais le premier que nous récoltions nous-mêmes.

Si médiocre que fût cette première tentative, nous ne perdîmes point courage.

Nous travaillâmes huit jours; mais, en huit jours, nous ne recueillîmes pas plus de trente piastres d'or.

Alors, voyant que la mine ne nourrissait pas le mineur, nous apercevant que nos provisions s'épuisaient, et ayant appris que l'on obtenait du côté de la sierra Nevada de meilleurs résultats, nous levâmes notre tente, nous rechargeâmes nos mulets, et nous nous remîmes en route.

C'était le 1er mai 1850.

VIII

LA SIERRA NEVADA

Le sierra Nevada, autrement dit la chaîne Neigeuse, vers laquelle nous allons nous acheminer, mesure toute l'étendue de la Californie du nord-nord-ouest au sud-sud-est. Cette chaîne est beaucoup plus élevée que celle des monts Californiens. De là le bail éternel qu'elle a fait à la neige. Son développement est immense, et, à des intervalles presque égaux, elle offre à la vue de larges plateaux boisés, du centre desquels s'élancent des pics volcaniques qui s'élèvent à douze ou quinze mille pieds au-dessus du niveau de la mer.

Ce sont ces pics isolés qui sont entièrement couverts de neige et qui ont fait donner à cette chaîne le nom de sierra Nevada.

Elle s'élève lentement de terrasse en terrasse; les premières pentes sont des collines, les autres des montagnes, et ces montagnes deviennent de plus en plus rapides à mesure qu'elles s'approchent de la région des neiges éternelles. La distance de leur base à leur sommet est en général de vingt-six à vingt-huit lieues.

Comme dans les Alpes, cet espace est divisé en régions où poussent certains arbres à l'exclusion de certains autres : à la base de la montagne, ce sont des chênes; au-dessus des chênes, ce sont les cèdres; au-dessus des cèdres, ce sont les pins.

Cependant les pins qui poussent dans la région supérieure, et qui font le couronnement ordinaire des montagnes, poussent aussi dans les autres régions.

C'est entre les monts Californiens et la sierra Nevada que sont enfermés tous ces riches dépôts d'or qui attirent en Californie des échantillons de la race humaine fournis par toutes les nations.

En se réunissant au sud, ces deux chaînes de montagnes forment la magnifique vallée des Tucares, la plus fertile ou, du moins, une des plus fertiles de la Californie.

Le matin de notre départ, qui avait eu lieu à onze heures, voyant que notre battée de fer-blanc ne nous donnait que de lents et médiocres résultats, nous résolûmes de faire une machine à laver.

Seulement, nous manquions de tout pour faire cette machine.

Le fond de la machine, c'était d'abord une douzaine de planches de six pouces de large et de deux à trois pieds de long.

Faire des planches nous-mêmes, c'était perdre un temps qui nous devenait de plus en plus précieux; acheter des planches, nous n'étions pas assez riches pour cela.

J'eus alors l'idée d'aller au camp américain, situé à une lieue et demie de l'endroit où nous étions et où nous savions qu'on expédiait du vin en caisses.

Nous achetâmes deux de ces vieilles caisses vides moyennant une piastre chacune, et des clous qu'on nous vendit hors de prix.

Restait une plaque en tôle. J'eus le bonheur de trouver, au moment où nous allions nous décider à faire cette acquisition, un morceau de vieille tôle arrachée à la selle d'une mule, et qui, sans doute, lui servait de doublure.

A huit heures du matin, nous étions revenus à notre tente et nous nous étions mis aussitôt à exécuter notre machine, que nous eûmes achevée en deux heures à peu près, à l'aide d'une scie, d'une plane et de nos couteaux.

Nous nous mîmes aussitôt à l'essayer, pour voir si elle ne fuyait pas. Nous avions parfaitement réussi.

Nous n'avions plus qu'à partir pour la sierra Nevada et à trouver de bonnes places.

A onze heures, comme je l'ai dit, nous nous mîmes en route, gravissant la première montagne que nous avions devant nous.

Là, plus de chemin frayé. Par une chaleur extrême, nous montions à travers ces hautes herbes dont j'ai déjà parlé. Les mules nous conduisaient à leur fantaisie, et il faut leur rendre cette justice qu'elles savaient trouver le meilleur chemin; ce qui ne nous empêchait pas de temps en temps de tomber littéralement de lassitude sous des bouquets d'arbres, bouquets presque toujours composés de chênes et de sapins.

Deux fois, dans cette ascension, nous trouvâmes de l'eau courante et descendant à la rivière.

Au second ruisseau, nous nous arrêtâmes, nous fîmes boire nos mules, nous leur laissâmes manger un peu d'herbe, et nous mangeâmes nous-mêmes.

A cinq heures du soir, nous nous remîmes en route. Nous voulions camper au haut de la montagne; mais nous n'en atteignîmes le sommet qu'à neuf heures et demie du soir.

La lune était magnifique; nous n'avions rencontré aucun animal inquiétant, quoiqu'on nous eût beaucoup parlé de serpents à sonnettes, de vipères et même de boas. Mais tous fuient devant l'homme, et, s'ils s'en rapprochent parfois, c'est, comme je le dirai dans une autre occasion, pour chercher la chaleur.

Nous campâmes donc assez tranquilles sur notre nuit, et avec l'intention de repartir le lendemain au petit jour.

Cependant une chose nous inquiétait : nous savions ce qu'avait été la montée, rude; nous ne savions pas ce que serait la descente.

Au point du jour, nous vîmes une pente douce, toute en prairies et en arbres; cette pente nous conduisait aux bords du Murphys, un des principaux affluents de la rivière Stanislas.

Plus de difficultés, de l'eau partout; quelque chose comme un coin du paradis.

Malheureusement, il n'y a pas de paradis pour les chercheurs d'or; de même que le Juif errant a derrière lui l'ange qui lui dit : « Marche ! » le mineur a derrière lui le démon qui lui dit : « Cherche ! »

Nous arrivâmes près de la rivière ; les bords en sont escarpés. Nous les longeâmes pendant une heure, à peu près, et nous campâmes à un kilomètre environ d'une haute montagne que nous avions côtoyée, à sept ou huit heures des premières pentes de la sierra Nevada.

Le lendemain, au point du jour, nous nous mîmes en route ; depuis que nous avions quitté Sonora, nous n'avions rencontré âme qui vive.

Et cependant d'autres personnes avaient déjà tenté le même voyage que nous, et l'avaient fait ; mais elles étaient arrivées au moment de la fonte des neiges, et la quantité d'eau qui tombait de la montagne submergeait les plateaux inférieurs, sur lesquels se trouve l'or.

Nous arrivâmes vers dix heures du matin au but que nous nous étions proposé. Sur plusieurs plateaux plus ou moins élevés, nous reconnûmes les traces d'anciens travaux.

C'était un antécédent qui nous indiquait que c'était là qu'il fallait fouiller ; nous dressâmes notre tente, nous lâchâmes nos bêtes et nous nous mîmes à chercher une place.

Au reste, comme aucun signe extérieur n'indique les bons ou les mauvais endroits, c'est affaire d'heur ou de malheur.

Nous nous mîmes à la besogne ; mais à peine eûmes-nous creusé à la profondeur de deux pieds, que l'eau jaillit sous nos coups de pioche.

Cette eau rendait tout travail impossible.

Nous gravîmes la pente que nous avions devant nous ; nous fîmes deux ou trois autres trous ; mais toujours, à une plus ou moins grande profondeur, nous trouvâmes de l'eau.

Cependant nous ne perdions pas tout espoir. Nous avions rencontré quelques filons de terre rougeâtre ; mais, au lavage, elle ne nous donna rien.

Alors nous essayâmes d'une *cagnade*.

La *cagnade* est l'agrandissement ou le détournement d'un ruisseau.

Nous trouvâmes par ce moyen quelques paillettes d'or, mais en très petite quantité.

Nous revînmes à notre tente fort découragés. Cette fois, nous nous trouvions, les rêves évanouis, en face d'une effrayante réalité.

Nous avions dépensé plus de six cents piastres et nous n'avions pas recueilli pour deux cents francs d'or.

Nous dînâmes d'assez bon appétit cependant; car tout ce qui nous restait d'espoir était dans nos forces.

Notre dîner se composait d'une soupe au jambon, de quelques haricots de la veille et de tortilles au lieu de pain.

La tortille est une espèce de galette de farine aplatie entre les mains et cuite sous la cendre.

Le souper achevé, nous fîmes nos préparatifs de nuit.

A la hauteur où nous étions campés, c'est-à-dire à trois mille pieds à peu près au-dessus du niveau de la mer, les nuits commencent à être fraîches. Cette circonstance nous avait fait alimenter pour la nuit le feu de notre souper; placé juste à l'entrée de notre tente, il nous chauffait les pieds.

Nous commencions à nous endormir lorsque, dans le lointain, nous entendîmes quelque chose comme un cri plaintif et prolongé. Comme nous l'avions entendu tous deux, nous nous soulevâmes tous deux, et, par un mouvement instinctif, étendîmes la main vers nos fusils.

Un instant après, différents cris, pareils au premier, se firent entendre plus rapprochés, et nous reconnûmes que c'était le hurlement des loups.

Ceux qui poussaient ces hurlements descendaient de la montagne que nous avions contournée dans la matinée. Ces hurlements continuaient toujours d'aller en augmentant et en se rapprochant.

Nous écartâmes nos couvertures et sautâmes sur nos fusils.

Mais l'alerte fut courte : les loups suivirent les bords du Murphys et allèrent se perdre dans la sierra.

Selon toute probabilité, ils ne nous avaient éventés ni nous ni nos mules.

C'étaient surtout nos mules qui nous préoccupaient. Elles étaient attachées au piquet, à quarante pas de nous, à peu près. Nous sortîmes, le fusil à la main, et allâmes les chercher, puis nous revînmes les attacher aux piquets mêmes de la tente, et nous attendîmes le jour.

Le reste de la nuit fut assez tranquille et nous permit de sommeiller.

Le jour venu, nous nous remîmes en route. Cette fois, nous revenions sur nos pas et, au lieu de remonter le cours du Murphys, nous le descendions.

Nous nous arrêtâmes à onze heures et demie; nous dînâmes, et, à une heure, nous fîmes un nouvel essai de fouille.

Là, nous trouvâmes encore un peu d'eau, mais pas assez pour empêcher le travail. A la profondeur de cinq ou six pieds, la terre rougeâtre s'offrit à nous.

C'était une espèce de gravier qui nous parut excellent. Nous le recueillîmes, nous le passâmes, et, après cinq heures de travail, nous avions recueilli une once d'or, à peu près, c'est-à-dire pour une somme de quatre-vingt-dix à cent francs.

Enfin, nous avions donc trouvé une bonne place : nous résolûmes d'y rester.

Nous rentrâmes plus gais que la veille et nous promettant encore un meilleur lendemain, puisque nous n'avions travaillé que cinq heures et que, le lendemain, nous espérions bien travailler le double.

Nous avions, ce soir-là, pris le soin de rapprocher nos mules et de faire un bon feu. Cependant, comme nous craignions de manquer de bois, tandis que je préparais le souper, Tillier prit la hache et partit pour aller faire un fagot.

Dix minutes après, je le vis, à la lueur de la lune, revenir vers notre tente; il n'avait pas de fagot et marchait à reculons, visiblement préoccupé d'un objet que son œil cherchait dans la demi-obscurité de la nuit.

— Eh! lui demandai-je, qu'y a-t-il donc?

— Il y a, me répondit-il, que nous sommes au milieu des loups et que, ce soir, ils nous ont éventés.

— Ah bah!

— Mon cher, je viens d'en voir un.

— Un loup?

— Oui; il descendait de la montagne. Nous nous sommes aperçus en même temps, et nous nous sommes arrêtés tous deux.

— Où cela?

— A cent pas d'ici, à peu près. Comme il ne bougeait pas, ni moi non plus, j'ai pensé que cela pourrait durer longtemps ainsi et que tu serais inquiet; alors, je suis revenu.

— Et lui?

— Lui, ne me voyant plus, aura continué son chemin.

— Prenons les fusils et allons examiner cela de près.

Nous prîmes les fusils : depuis la veille, ils

étaient chargés à balles. Tillier marcha devant ; je le suivis.

A peu près à trente pas de la rivière, Tillier s'arrêta, et, tout en me recommandant le silence, me montra du doigt le loup assis sur le bord d'un de ces petits ruisseaux qui viennent transversalement se jeter dans le Murphys.

Il n'y avait pas à douter : ses deux yeux, fixés sur nous, brillaient dans la nuit comme deux charbons ardents.

Nos deux fusils s'abaissèrent d'un même mouvement, et les deux coups ne firent qu'une seule détonation.

Le loup tomba la tête en avant et roula jusque dans le ruisseau.

Les deux coups réunis en un seul avaient eu un effroyable retentissement dans la montagne.

Nous allâmes au loup. Il était mort. Les deux balles avaient porté, l'une au cou, l'autre dans la poitrine.

Nous le traînâmes jusqu'à notre tente.

La nuit fut terrible : les loups passaient et repassaient par bandes autour de nous. Nos mules, effrayées, tremblaient de tout leur corps.

Notre feu les tint cependant éloignés ; mais nous ne dormîmes pas un seul instant.

IX

LES AMÉRICAINS

Il était impossible de songer à demeurer où nous étions : les loups, écartés une nuit, pouvaient revenir les nuits suivantes, s'encourager, dévorer nos mules et nous dévorer nous-mêmes.

Ce n'était pas là notre but en venant en Californie.

Le lendemain, nous continuâmes donc à redescendre la rivière, à creuser des trous et à faire des cagnades.

Nous recueillions de l'or, mais très peu, pas pour un franc par battée. Décidément, rien ne valait la place que nous avions quittée. Aussi, malgré les loups, nous consultions-nous, enhardis par le grand jour, pour savoir si nous ne devions pas y retourner, quand tout à coup nous aperçûmes un ours noir qui descendait tranquillement de la montagne.

La tentation fut grande, et nous avions bonne envie de tirer dessus; mais une tradition fort en crédit en Californie nous retint. Les Indiens prétendent qu'un ours blessé par le chasseur va rejoindre les autres ours, et que tous ensemble reviennent sur le chasseur.

Ce n'est pas probable le moins du monde; mais nous n'étions pas faits encore à la solitude et à l'isolement, et notre peu d'habitude de ce pays nouveau nous faisait un peu timides.

Nous résolûmes donc de revenir au Passo-del-Pin directement pour y travailler.

Nous repliâmes notre tente, nous rechargeâmes

nos mules, nous nous orientâmes et nous nous remîmes en route.

Le lendemain, nous vîmes, dans un pli de terrain tout verdoyant, un chevreuil qui broutait. Nous fîmes feu sur lui tous deux et l'atteignîmes tous deux.

C'était à la fois une économie et une spéculation.

Nous coupâmes notre chevreuil par morceaux, nous le chargeâmes sur nos mules, et, au Passo-del-Pin, nous en vendîmes la moitié pour vingt-cinq piastres.

De retour à notre point de départ, nous nous aperçûmes que le travail commencé par nous avait été continué par d'autres, puis abandonné faute d'outils.

Tous les travailleurs trouvaient de l'or ; mais il n'y avait que ceux qui étaient réunis en nombreuse société qui fissent quelque chose. Or, les sociétés, ou plutôt les devoirs auxquels elles vous obligent les uns envers les autres sont antipathiques au caractère français, tandis qu'au contraire les Américains semblent prédestinés à l'association.

C'est là que je vis un exemple de la rapacité des médecins. Un Américain était malade : il envoya chercher un docteur, Américain comme lui. Ce docteur vint le voir trois fois et réclama une once d'or par visite. Il lui vendit une potion de quinine et lui demanda deux onces. C'était quelque chose comme quatre cent quatre-vingts francs.

Il en résulte qu'une fois en Californie, le malade aime mieux se laisser mourir que d'envoyer chercher le médecin.

Nous pouvions être, au Passo-del-Pin, cent vingt ou cent trente travailleurs.

Cependant trente-trois Français, Bordelais et Parisiens, s'étaient réunis, et, un peu au-dessous du camp, ils avaient détourné la rivière.

Ce travail leur avait pris quatre mois.

Pendant ce travail, ils avaient mangé leurs provisions et épuisé leur argent.

Mais, au moment où ils allaient recueillir le fruit

de leurs sacrifices, cent vingt Américains, qui n'attendaient que ce moment, se présentèrent à eux et leur déclarèrent qu'ils s'emparaient du Passo-del-Pin; que la rivière était un cours d'eau américain; que personne, excepté les Américains, n'avait, en conséquence, le droit de changer le cours d'eau; qu'ils eussent donc à s'en aller, ou bien, dans le cas contraire, comme ils étaient cent vingt et parfaitement armés, pas un Français ne sortirait de la rivière.

Les Français étaient parfaitement dans leur droit; mais, comme l'alcade était Américain, il donna naturellement droit à ses compatriotes.

Force fut aux Français de céder. Les uns se retirèrent à San-Francisco, les autres à Sonora, les autres à Murphys; d'autres, enfin, restèrent à faire des cagnades pour ne pas s'en retourner tout à fait misérables.

Au reste, le vol ne profita pas aux Américains. Le bruit de cette déprédation se répandit dans les environs; tous les Français des Mormons et de

James-Town accoururent, restèrent cachés entre les deux montagnes, et, pendant la nuit, rendirent la rivière à son cours naturel.

Le lendemain au matin, les Américains trouvèrent le Passo-del-Pin courant dans son premier lit.

Personne ne profita d'un travail de quatre mois qui peut-être eût rapporté un million.

Quant à nous, voyant qu'il n'y avait décidément rien à faire au Passo-del-Pin, nous retournâmes au camp de Sonora, là où l'alcade nous avait une première fois donné un terrain.

Nous avons déjà dit que la distance du Passo-del-Pin à Sonora était de trois à quatre lieues.

Nous arrivâmes à onze heures du soir; nous posâmes notre tente au même endroit où nous l'avions posée déjà, et nous nous occupâmes de notre souper, lequel n'avait pas varié une seule fois, et, à part les extra de gibier, continuait de se composer de jambon et de haricots.

Le lendemain, nous nous décidâmes à travailler

à une cagnade nommée le Creuzot ; cette cagnade était taillée dans une espèce de glaise, mêlée de schiste argileux ou d'ardoise qui se présente en feuilles minces et qui se dissout dans l'eau.

Nous pouvions faire là, Tillier et moi, pour quatre-vingts francs d'or, à peu près, par jour. C'était juste notre dépense, maintenant que nos provisions étaient presque épuisées.

Nous travaillâmes cependant ainsi toute une semaine, du lundi matin au samedi soir.

Le dimanche, jour de repos, tout le monde cesse de travailler aux mines. Nous résolûmes de consacrer à la chasse ce jour de congé.

Mais le gibier, lui aussi, commençait à diminuer et se retirait dans la montagne.

Nous tuâmes cependant deux ou trois faisans et quelques-unes de ces charmantes perdrix huppées dont j'ai déjà parlé.

Le soir, nous rentrâmes attristés de ce que la chasse, elle aussi, menaçait de nous manquer.

A notre retour, nous recueillîmes un pauvre

cuisinier français. Il avait déserté d'un bâtiment baleinier, se figurant qu'il n'avait qu'à bêcher la terre pour faire fortune en Californie. Nous commençâmes à redresser ses idées à cet endroit.

Il apportait sa couverture; c'était tout ce qu'il possédait.

Il profita de nos vivres et de notre chasse pendant quelques jours. D'un autre côté, comme il parlait le mexicain, nous avions jugé qu'il pouvait nous être utile.

Ces quelques jours d'épreuve écoulés, son caractère nous convenant, nous le reçûmes sociétaire.

Outre ses fonctions d'interprète, il nous rendit un véritable service.

Il nous fit et nous apprit à faire du pain.

Notre pain se pétrissait dans la battée. Comme nous n'avions pas de levure, il fallait bien nous en passer; nous étendions une couche de braise sur la terre, nous posions notre pain sur cette couche de braise, nous le recouvrions comme nous eussions fait pour des pommes de terre ; le pain cuit, on le grattait pour en faire tomber la cendre.

C'était un pain fort lourd et fort indigeste ; mais il y avait une économie à cela : on en mangeait moins.

Aux placers, la farine coûtait de cinquante-cinq sous à trois francs la livre.

Le lundi matin, nous nous décidâmes à refaire un trou. Nous gagnâmes la place Yaqui, voisine de l'endroit où nous étions. Nous y trouvâmes cinq ou six cents personnes établies avant nous.

Nous avions été séduits par des échantillons d'or fort beaux qui y avaient été trouvés.

Nous creusâmes un trou. Pendant les quatre premiers pieds, nous trouvâmes une terre grise présentant plutôt le caractère d'un produit volcanique que l'apparence d'une terre proprement dite. Cette terre, nous la connaissions pour être stérile ; par conséquent, nous regardions comme chose inutile de la soumettre au lavage.

Après la terre grise apparut la terre rougeâtre, et l'opération du lavage commença.

Après avoir ramassé pour huit piastres d'or, à peu près, Tillier trouva tout à coup un lingot qui pouvait peser quatre onces.

C'était quelque chose comme trois cent quatre-vingts francs que nous venions de ramasser d'un seul coup.

Nous nous payâmes, en signe de réjouissance, une bouteille de bordeaux Saint-Julien qui nous coûta cinq piastres.

Ceci avait lieu le 24 mai.

Cette trouvaille nous avait rendu notre ardeur première. Nous nous remîmes à piocher de plus belle, et, en trois jours, nous fîmes, entre nous trois, pour deux mille quatre cents francs d'or.

Mais, le 27 mai au matin, en nous rendant au travail, nous vîmes sur les arbres une circulaire affichée.

Cette circulaire disait qu'à partir de ce jour, 27, aucun étranger ne pourrait creuser qu'en payant au gouvernement américain une prime de vingt piastres par homme travaillant dans un trou.

Dès lors, chacun réfléchit; ce n'était plus son temps qu'on risquait, c'était une avance, et une avance assez forte même. Notre trou s'avançait et allait bientôt rejoindre les trous voisins. Il nous fallait donner soixante piastres pour le garder ou soixante piastres pour en creuser un autre.

Vers dix heures, comme nous nous consultions sur ce que nous avions à faire, nous aperçûmes une troupe d'Américains armés qui étaient en campagne pour percevoir l'impôt.

Nous refusâmes tous.

Ce fut le signal de la guerre.

Nous étions cent vingt ou cent trente Français à peine.

Mais tous les Mexicains des mines se réunirent à nous, disant qu'eux aussi étaient aussi bien propriétaires du sol que les Américains.

Ils étaient quatre mille à peu près, ce qui, avec d'autres hommes, n'eût pas laissé de faire une force assez imposante, attendu que les Américains, en tout, étaient deux mille cinq cents ou trois mille au plus.

Ils nous proposèrent d'organiser une résistance en faisant une armée. On nous offrait, à nous autres Français, les principaux grades dans cette armée.

Malheureusement, ou plutôt heureusement, nous connaissions nos hommes : à la première lutte un peu sérieuse, ils nous eussent abandonnés et tout fût retombé sur nous.

Nous refusâmes.

A partir de ce moment, il n'y eut plus aucune sécurité aux placers. Chaque jour, on entendait parler, non pas d'un meurtre, mais de trois ou quatre nouveaux meurtres commis soit par des Mexicains, soit par des Américains.

Seulement, la façon de procéder était différente.

Les Américains venaient sur le bord des trous, et, sans discussion, tuaient le mineur d'un coup de pistolet.

Le laveur voulait-il venir au secours de son camarade, ils le tuaient d'un coup de carabine.

Le Mexicain, au contraire, — et les Mexicains étaient presque tous de la province de Sonora, — le Mexicain, au contraire, s'approchait en ami, causait, demandait des nouvelles du trou, s'informait s'il était bon ou mauvais, et, tout en causant, tuait d'un coup de couteau celui avec lequel il causait.

Deux de nos compatriotes furent assassinés ainsi, mais par des Américains.

Deux Mexicains voulurent s'attaquer à nous; ils furent les mauvais marchands de l'affaire.

Nous les tuâmes tous deux.

Puis, voyant qu'au bout du compte cela devenait une tuerie dans laquelle nous ne pouvions manquer de laisser nos os, nous envoyâmes des messagers à Mormons, à Murphys, à James-Town, à Jacksonville, pour appeler les Français à notre secours.

Dès le lendemain, trois cent cinquante Français arrivèrent le sac sur le dos et parfaitement armés.

Les Américains, de leur côté, avaient fait un appel aux leurs, et avaient reçu une centaine d'hommes de renfort, venus des placers environnants.

Vers huit heures du soir, le secours français qui nous arrivait nous fit prévenir de sa présence ; il avait établi son camp entre deux montagnes d'où l'on commandait la route. Nous prîmes aussitôt nos armes, et, abandonnant nos trous, nous allâmes rejoindre les arrivants.

Quelques Américains, plus honnêtes que les autres, ayant donné tort à leurs compatriotes, s'étaient joints à nous. Deux cents Mexicains nous avaient suivis ; le reste, comprenant qu'on allait en venir aux mains, avait disparu.

Alors nous couronnâmes la tête des deux montagnes qui dominaient la route. Nos trois cent cinquante compatriotes restèrent à cheval sur la route même.

Nous étions sept cents hommes, à peu près. La position était bonne ; nous pouvions intercepter indéfiniment les communications avec Stockton.

Plusieurs Américains et des gens de tous pays furent arrêtés.

La nuit se passa à veiller. Le lendemain, nous vîmes venir à nous un détachement d'environ cent cinquante Américains.

Nous nous cachâmes dans les herbes et derrière les arbres; un poste seulement resta visible derrière les barricades élevées à la hâte sur la route.

Les Américains, se croyant en nombre suffisant pour nous déloger, commencèrent l'attaque.

Alors, de tous côtés nous nous levâmes; les deux montagnes s'enflammèrent simultanément; une vingtaine d'Américains tombèrent tués ou blessés.

Le reste s'enfuit à l'instant même, se perdit dans les plaines, s'enfonça dans les bois.

Les fuyards retournèrent à Sonora.

Le lendemain, nous les vîmes reparaître, l'alcade à leur tête et la crosse en l'air.

Ils avaient écrit au gouverneur et attendaient sa réponse.

On convint d'une trêve.

En attendant, chacun fut libre de retourner au travail.

On comprend avec quelles précautions on s'y remit et ce que c'était que cette existence tenant continuellement à un fil.

La lettre attendue arriva ; elle confirmait l'impôt de vingt piastres par homme et donnait à l'alcade droit de vie et de mort sur les étrangers.

Il n'y avait pas moyen de demeurer plus longtemps à Sonora. Nous vendîmes tous nos ustensiles et nous achetâmes quelques vivres pour gagner Stockton.

De Stockton, nous comptions revenir à San-Francisco. Qu'y ferions-nous ? Nous n'en savions rien.

A Stockton, nous vendîmes nos mules deux cents piastres. Nous fîmes provision de vivres, et nous allâmes retenir nos places dans une chaloupe qui partait pour San-Francisco.

Cette fois, nous allions beaucoup plus vite, car nous descendions.

Les rives du Joaquin étaient couvertes de roseaux; dans ces roseaux vivaient pêle-mêle et en innombrable quantité des loups marins et des tortues.

Ces roseaux étaient continués par des bois marécageux qu'on n'aurait jamais cru être le séjour de la fièvre en les voyant habités par de si charmants oiseaux.

Au delà de ces roseaux et de ces bois s'étendaient de magnifiques prairies dans lesquelles paissaient d'innombrables troupeaux de bœufs.

De place en place, la prairie brûlait.

Y avait-on mis le feu par accident ou par caprice, ou brûlait-elle d'elle-même, embrasée par l'extrême chaleur?

Nos conducteurs n'en savaient rien.

La traversée dura trois jours; mais, en arrivant à l'embouchure du fleuve, nous éprouvâmes une grande difficulté d'entrer dans la baie; la mer était grosse; nous avions le vent debout et nous ne pouvions vaincre ce double obstacle.

Enfin, nous vainquîmes la difficulté; et, le jeudi

matin, 22 juin, nous entrâmes à San-Francisco, où nous trouvâmes des quais nouveaux couverts de maisons. Quais et maisons avaient été bâtis en notre absence, qui cependant n'avait duré que quatre mois.

Nous étions morts de fatigue ; nous résolûmes, Tillier et moi, de donner deux ou trois jours au repos, quitte à aviser, après cela, à ce que nous ferions.

Notre camarade le cuisinier était resté aux mines.

X

LE FEU A SAN-FRANCISCO

Quand je dis que nous espérions nous reposer deux ou trois jours, j'exagère même nos intentions; car, en arrivant, comme nous ne comptions pas, l'état de nos finances s'y opposant, aller demeurer à l'hôtel, il fallut nous occuper immédiatement de refaire notre ancienne tente avec nos anciens draps.

C'était toujours au camp français que nous comptions élire notre domicile. Le camp français, comme l'indique son nom, était toujours le rendez-vous de nos compatriotes; seulement, depuis notre départ, au milieu des tentes primitives, avaient poussé, comme des champignons, une douzaine de maisons en bois, rendez-vous des blanchisseurs et des blanchisseuses.

En partant pour les mines, nous avions mis nos malles en pension chez un vieil Allemand qui, trop vieux pour se faire travailleur actif, s'était créé cette spécialité de se faire le gardien des effets des travailleurs.

Ce n'était pas, au reste, un mauvais métier qu'il avait inventé là. Il avait bâti une espèce de hangar, et gardait les petites malles moyennant deux piastres par mois, les grosses moyennant quatre.

Cette industrie lui rapportait de quinze à dix-huit cents francs par mois.

Nous avions dressé notre tente, nous y installions nos malles, quand nous commençâmes d'entendre crier au feu.

C'est chose commune, au reste, que le feu à

San-Francisco, et il y a, outre la bâtisse en bois qui y est bien aussi pour quelque chose, une raison à cette fréquence des incendies.

Tout habitant de la Californie brûlé a payé ses dettes.

Même ses dettes de jeu.

Le feu que ces cris nous signalaient était un feu de première classe. Il avait pris entre Clay-Street et Sacramento-Street. C'était le quartier des négociants en vins et des marchands de bois.

Quand je dis des marchands de vins, je dois dire des marchands de vins et liqueurs.

Poussé par un vigoureux vent du nord, le feu marchait rapidement et nous offrait, de la hauteur où nous le regardions se développer, un magnifique spectacle : alcools et chantiers, le feu le plus exigeant ne pouvait rien demander de mieux.

Aussi, à chaque nouveau magasin de rhum, d'eau-de-vie ou d'esprit-de-vin que le feu gagnait, il redoublait d'intensité, en même temps qu'il changeait de couleur. On eût dit une magnifique illumination avec des feux de Bengale, rouges, jaunes et bleus.

Ajoutez à ceci une habitude qu'ont prise les Américains dans les incendies : c'est de jeter des tonneaux de poudre au milieu du feu, sous prétexte que la maison, s'abattant, isolera le feu. La maison s'abat en effet ; mais presque toujours ses débris enflammés roulent de l'autre côté de la rue et vont mettre le feu aux maisons situées en face, qui, bâties en bois et échauffées par le voisinage de l'incendie, prennent feu comme des allumettes.

Aujourd'hui, pour plus grande commodité, on a fait un pavé en bois, de sorte que, lorsque le feu prend, il n'y a plus de raisons pour qu'il s'arrête ; puis, avec une intelligence remarquable, le feu prend toujours à marée basse, et, comme la ville manque d'eau, même pour boire, le feu s'en donne à cœur joie, sans crainte aucune d'être dérangé dans ses ébats.

Mais, à défaut d'eau, il y a, pour la satisfaction

de ceux qui brûlent, un corps de pompiers parfaitement organisé, qui, dès qu'on signale un feu, se précipitent avec des pompes superbes sur le théâtre de l'incendie. Il est vrai que les pompes sont vides ; mais elles font du vent, et cela souffle toujours un peu le feu.

Nous sommes loin de dire que ces incendies sont causés par la malveillance. Mais il y a dans San-Francisco même tant de gens intéressés à ce que San-Francisco brûle, que l'on peut bien concevoir quelque soupçon à cet endroit. Ainsi, par exemple, ce jour-là, les marchands de vins et les marchands de bois brûlaient. Cet incendie ruinait ceux qui en étaient victimes ; mais il enrichissait les marchands de bois et les marchands de vins du quartier opposé, sans compter les armateurs, propriétaires ou consignataires des navires qui attendent le déchargement et qui ont des pacotilles de marchandises analogues à celles qui brûlent.

Le lendemain de l'incendie, par exemple, le vin ordinaire avait monté, de cent francs la pièce, à six ou huit cents, ce qui est, comme on le voit, une assez belle hausse.

Nous nous rappelâmes alors que deux de nos amis, Garnier et Mirandole, habitaient une maison voisine des quartiers qui brûlaient. Ils demeuraient dans Garnay-Street et tenaient un entrepôt de consignation. Nous courûmes à leur aide et nous les trouvâmes déménageant.

Or, le déménagement en pareil cas est presque un incendie. D'abord, pour transporter les meubles ou les marchandises de la ville à la montagne, les conducteurs de voiture demandaient cent francs par voyage. Nous avons dit plus haut que les malades aimaient presque autant mourir que d'envoyer chercher le médecin. Ceux qui sont menacés d'un incendie aiment presque autant brûler que d'envoyer chercher des voitures de déménagement.

D'ailleurs, on est très obligeant à San-Francisco, trop obligeant même : chacun veut vous aider, chacun met la main à l'œuvre, et c'est étonnant comme un mobilier fond sous les mains qui le transportent.

Il est impossible de se figurer le bruit que font les Américains dans ce cas-là : ils vont, viennent, courent, crient, entrent dans les maisons, cassent, brisent, et surtout se grisent.

Au reste, aussitôt une maison brûlée, chacun plonge un instrument quelconque dans ses cendres, et ce n'est pas aux mines que sont les chercheurs d'or les plus acharnés.

Il y avait, au milieu du pâté de maisons qui brûlaient, une maison en fer qui avait été amenée d'Angleterre, où elle avait été construite. On espérait que, grâce à la substance avec laquelle elle avait été fabriquée, elle échapperait à l'incendie. Chacun, en conséquence, y portait, y roulait, y poussait, y entassait ce qu'il avait de plus précieux. Mais c'est un terrible lutteur que le feu. Il gagna la maison de fer, il l'enveloppa de ses replis flamboyants, la lécha de sa langue ardente, et lui fit de si chaudes caresses, que le fer commença de rougir, de se tordre, de crier, ni plus ni moins que le bois des maisons voisines; et de toute la maison, et de tout ce qui était dedans, il ne resta qu'une espèce de cage informe, rapetissée, racornie, et dont il eût été impossible de reconnaître l'ancien usage.

L'incendie marchait du nord au sud, et ne s'arrêta qu'à Californie-Street, rue très large, que le feu, malgré sa bonne volonté, ne put parvenir à enjamber.

L'incendie avait duré de sept heures à onze heures; il avait brûlé cinq cents maisons et causé une perte incalculable. Tous les premiers négociants en vins et en bois de San-Francisco étaient ruinés.

Nous avions cru d'abord que cet incendie allait amener une recrudescence de travaux, et que dans ces travaux nous trouverions à nous employer. Mais point: les négociants incendiés étaient presque tous Américains, de sorte que des Américains seuls furent employés aux réparations.

Ayant cherché inutilement de l'ouvrage partout, et n'en ayant trouvé nulle part, nous résolûmes, Tillier et moi, de suivre l'exemple d'un de nos compatriotes, M. le comte de Pingret, qui s'est fait chasseur, et qui fait, grâce à son adresse, de très bonnes affaires.

Souvent, nous avions été poussés à cette résolution par un vieux Mexicain de San-Francisco, ancien chasseur d'ours et de bisons, nommé Aluna. Nous résolûmes, Tillier et moi, de nous ouvrir à lui du projet que nous avions de battre les prairies, et de lui demander s'il voulait faire société avec nous dans cette nouvelle spéculation que nous étions résolus à établir.

Il reçut la proposition avec une joie extrême ; il voulait, du premier abord, choisir pour théâtre de nos exploits la Mariposa et la vallée des Tulares, localités qui abondent en ours et en bisons ; mais nous le priâmes de nous ménager dans notre noviciat et de nous permettre de commencer par des animaux moins terribles, tels que l'élan, le cerf, le chevreuil, le lièvre, le lapin, l'écureuil, la perdrix, les tourterelles et les geais bleus.

Aluna défendit le terrain pied à pied ; mais, au bout du compte, comme nous étions, Tillier et moi, les bailleurs de fonds, et qu'on ne pouvait pas opérer sans nous, il fut contraint d'en passer par où nous voulions.

Il fut donc convenu que nos chasses auraient pour théâtre les plaines montagneuses qui s'étendent de Sonoma au lac Laguna, et de l'ancienne colonie russe au Sacramento.

Les objets de première nécessité pour la carrière que nous allions embrasser étaient de bonnes armes. Or, Tillier et moi possédions d'excellents fusils dont nous avions fait l'épreuve dans nos chasses de la sierra Nevada et du Passo-del-Pin.

Après les fusils, le meuble indispensable était une barque pour faire deux fois la semaine le trajet de Sonoma à San-Francisco et de San-Francisco à Sonoma.

J'allai dans le port faire mon choix moi-même. Il

s'arrêta sur une baleinière marchant à la rame et à la voile.

Je la payai trois cents piastres, ce qui était pour rien.

Puis nous achetâmes des vivres pour une semaine, nous les fîmes transporter dans la barque avec une ample provision de poudre et de plomb.

Chose étrange ! la poudre n'était pas chère : elle coûtait juste le même prix qu'en France, c'est-à-dire quatre francs la livre.

Quant au plomb, c'était autre chose : il valait la livre cinquante sous et même trois francs.

Aluna avait un vieux cheval encore assez solide pour nous servir dans nos chasses comme bête de selle et comme bête de transport ; c'était une dépense de moins à faire ; aussi acceptâmes-nous avec reconnaissance l'offre qu'il nous en fit.

La tente que nous venions de confectionner avec nos draps eût été insuffisante pour l'hiver ; mais, comme nous étions en plein été, c'était tout ce qu'il fallait pour la saison.

Le 26 juin 1850, nous nous mîmes en route, après avoir, au même prix que par le passé, réintégré nos malles chez notre Allemand.

En ma qualité de marin, ce fut moi qui me chargeai de la conduite de la barque. Je la montais seul avec Tillier; Aluna et son cheval, qui ne pouvait faire la traversée dans la baleinière, qu'il eût fait chavirer, étaient embarqués sur un de ces bateaux plats qui transportent les voyageurs aux mines et qui devaient les déposer sur un point quelconque de la côte; de ce point, cheval et cavalier gagneraient Sonoma, où les premiers arrivés devaient attendre les autres.

C'est nous qui arrivâmes les premiers; mais ce n'était pas la peine de nous vanter de cette priorité, car à peine avions-nous tiré notre barque sur le sable que nous vîmes Aluna, avec son chapeau rond à grand bord, avec son pantalon fendu sur le côté, avec sa veste ronde et son puncho roulé en bandoulière autour du corps, qui nous arrivait au grand galop, le fusil contre la cuisse.

Le vieux gaucho avait encore très bonne tournure sous ce costume pittoresque, malgré sa vétusté.

Nous avions quelque crainte de laisser aussi notre barque sur le rivage ; mais il nous rassura complétement, nous affirmant que personne n'oserait y toucher.

Comme il avait du pays, qu'il habitait depuis vingt ans, une connaissance plus exacte que la nôtre, nous nous confiâmes en son assurance. Nous laissâmes la barque à la garde de Dieu ; nous chargeâmes notre tente et nos munitions sur son cheval, nous accrochâmes çà et là nos quelques ustensiles de cuisine, et, ressemblant autant à des chaudronniers qui vont en quête de casseroles à étamer qu'à des chasseurs, nous nous enfonçâmes immédiatement dans la prairie en marchant du sud au nord.

XI

LA CHASSE

Nous avons déjà dit, à propos de l'établissement du capitaine Gutteo, quelques mots de la fécondité du sud de la Californie.

Ce fut surtout quand nous eûmes mis le pied dans les prairies qui s'étendent de Sonoma à Santa-Rosa que nous pûmes juger de cette fécondité.

Souvent l'herbe, au milieu de laquelle nous étions obligés de nous frayer un chemin, s'élevait jusqu'à la hauteur de neuf à dix pieds.

Sur les bords du Murphys, nous avions vu des pins d'une grosseur et d'une hauteur dont on n'a aucune idée en France. Ils s'élevaient à deux cents ou deux cent cinquante pieds, et avaient généralement de douze à quatorze pieds de diamètre.

Au nord de la baie de San-Francisco, il existait en 1842 un pin gigantesque. M. de Mofras, savant naturaliste, le mesura à cette époque : il avait cinq cents pieds d'élévation et soixante pieds de circonférence.

La spéculation, qui ne respecte rien, a abattu ce doyen des forêts californiennes ; il eût été heureux que la science du moins assistât à cette destruction, et constatât, par les couches en cercles concentriques dont chacune est le résultat de l'accroissement d'une année, l'âge de ce géant.

Adamson a vu abattre au Sénégal un boabas qui avait, d'après ses mesures, vingt-cinq pieds de diamètre, et, d'après son calcul, six mille ans.

Aussi, avec une charrue du genre de celles dont se servent les laboureurs de Virgile, sans herse et sans rouleau, le sol de la Californie produit-il avec une prodigalité presque effrayante.

En 1849, les religieux de la mission de San-Jose semèrent dans un terrain à eux appartenant dix fanègues de blé.

Ils récoltèrent, en 1850, onze cents fanègues : c'était cent dix pour un.

L'année suivante, ils ne se donnèrent pas la peine de semer, et le sol, laissé en jachère, produisit encore six cents fanègues.

En France, dans les terrains médiocres, le blé rend deux ou trois pour un ; dans les bonnes terres, huit ou dix ; dans les meilleures, quinze ou dix-huit.

Dix-huit mois suffisent en Californie à la crue d'un bananier. A dix-huit mois, il donne ses fruits et meurt ; mais un régime de bananes se compose de cent soixante à cent quatre-vingts fruits et pèse de trente à quarante kilogrammes.

M. Boitard a calculé qu'un terrain de cent mètres carrés, planté de bananiers placés à deux ou trois mètres de distance les uns des autres, donnait deux mille kilogrammes de fruits.

Dans une même étendue, dans les meilleures terres de la Beauce, le blé ne donne que dix kilogrammes de grains; les pommes de terre, que dix kilogrammes de tubercules.

Depuis quelque temps, on s'est mis à cultiver la vigne en Californie, et l'on a obtenu des résultats merveilleux. Monterey envoie à San-Francisco des chargements de raisins qui pourraient le disputer à nos meilleures treilles de Fontainebleau.

De même que les plaines et les forêts foisonnent de gibier, les rivières regorgent de saumons et de truites.

A certaines époques, les côtes et les baies, la baie de Monterey surtout, présentent un singulier spectacle : des millions de sardines, poursuivies par la baleine à bosse, viennent chercher contre leur ennemie un refuge dans les eaux moins profondes; mais là les attendent les oiseaux de mer de toute espèce, depuis la frégate jusqu'au goëland; la mer semble une vaste ruche, l'air est plein de cris et de battements d'ailes, tandis qu'au loin, montagnes mobiles, on voit s'agiter les baleines, qui, après avoir envoyé les sardines aux oiseaux de mer, attendent que les oiseaux de mer les leur renvoient.

En Californie, l'année se divise en deux saisons seulement : la saison sèche et la saison des pluies.

La saison des pluies embrasse depuis octobre jusqu'à mars.

La saison sèche, depuis avril jusqu'à septembre.

Il y a peu de jours froids en hiver, les vents du sud-est, qui soufflent l'hiver, adoucissant la saison.

Il en est de même pendant les grandes chaleurs : les vents du nord-est tempèrent les rayons trop ardents du soleil.

Quand arrive la saison des pluies, il pleut tous les jours; seulement, les pluies croissent d'octobre à janvier et décroissent de février à avril.

Elles commencent à tomber vers deux heures

de l'après-midi, et cessent vers six heures du soir.

Nous étions au mois de juillet, c'est-à-dire à la plus belle époque de l'année : la chaleur variait de 23 à 33 degrés centigrades.

De onze heures du matin à deux heures de l'après-midi, cette chaleur rendait la chasse ou le voyage presque impossible. Ce qu'il y avait de mieux alors était de chercher l'ombre admirable du chêne ou du pin, et de dormir.

En revanche, les matinées et les soirées étaient délicieuses. Dès notre entrée dans la prairie, nous nous mîmes en chasse, mais c'était pour notre souper. Nous tuâmes quelques perdrix, deux ou trois lièvres et quelques écureuils.

Aluna nous laissait faire et ne tirait pas ; il était évident qu'il se réservait pour un gibier plus sérieux.

Il avait une carabine anglaise à un seul coup, portant une balle du calibre de vingt-quatre à la livre ; elle avait fait, c'était facile à voir, un assez long service entre ses mains. Autrefois à pierre, elle avait été mise à piston au moment où cette amélioration avait été introduite, et la grossièreté de ce travail supplémentaire jurait avec la finesse du reste de l'exécution.

Nous cheminions, nous demandant si Aluna, dont on nous avait tant de fois parlé comme d'un véritable *rifleman*, nous serait utile autrement que par l'adjonction de son cheval, lorsque tout à coup il s'arrêta, me posant la main sur l'épaule pour me faire signe de demeurer en place.

Je fis aussitôt du doigt un signe à Tillier, qui était à quelques pas de moi.

Nous restâmes immobiles.

Aluna mit l'index sur sa bouche pour nous recommander le silence, puis allongea la main dans la direction d'une petite montagne qui s'élevait à notre droite.

Nous cherchâmes inutilement à distinguer ce qu'il nous montrait : nous ne voyions rien que des pies mouchetées volant d'un arbre à l'autre, et quelques écureuils gris sautillant de branche en branche.

Aluná haussa les épaules, et nous invita du geste à nous accroupir dans l'herbe ; en même temps, il conduisit avec de grandes précautions son cheval dans un bouquet d'arbres où il l'attacha de court, et dont l'épaisseur le dérobait aux yeux ; puis, se débarrassant de son puncho, de son chapeau et même de sa veste, il fit un détour pour gagner le vent sur l'animal qu'il comptait surprendre.

Nous restâmes immobiles, les yeux fixés sur l'endroit qu'il nous avait indiqué, et qui était une portion de la montagne couverte de grandes herbes et d'arbrisseaux présentant à la vue l'aspect d'un taillis de huit à dix ans.

Aluna avait disparu au bout de vingt pas dans l'herbe, et nous avions beau regarder dans la direction qu'il avait suivie, nous n'entendions aucun bruit et nous ne voyions pas même remuer le sommet des herbes.

Un serpent ou un chacal n'aurait pas glissé ou rampé plus silencieusement qu'il ne le faisait.

Tout à coup, nous vîmes s'élever au-dessus du faîte du taillis quelque chose qui ressemblait à une branche sèche ; une branche parallèle apparut bientôt à peu de distance de la première ; enfin, les deux objets qui attiraient nos regards s'étant élevés parallèlement, nous reconnûmes le bois d'un cerf.

L'animal à qui il appartenait devait être énorme, car, à leur extrémité, les deux branches offraient plus d'un mètre et demi d'écartement.

C'était un premier sentiment d'inquiétude qui lui avait fait relever la tête. En effet, une légère bouffée de brise venait de passer au-dessus de nous et lui avait sans doute annoncé la présence d'un danger.

Nous nous couchâmes à plat ventre dans l'herbe. Le cerf était hors de portée, et, d'ailleurs, nous ne voyions que le haut de sa tête.

Il lui était impossible de nous voir ; mais il était clair qu'il nous avait éventés. Il allongea de notre côté ses naseaux béants, et ses oreilles s'inclinèrent en avant pour percevoir le son.

Au même instant, une détonation pareille à celle d'un coup de pistolet se fit entendre. L'animal fit un bond de trois ou quatre pieds et retomba dans le taillis.

Nous courûmes à lui ; mais, comme je l'ai dit, nous en étions à six ou huit cents pas ; puis les difficultés du terrain nous forcèrent à faire un détour.

Quand nous arrivâmes au petit taillis où nous l'avions vu bondir et disparaître, il était déjà vidé et bourré d'herbes aromatiques.

La fressure, déposée à côté de lui, était proprement posée sur la feuille d'un bananier.

Nous cherchâmes la blessure : la balle, dont le trou était à peine visible, était entrée au défaut de l'épaule gauche et avait dû traverser le cœur de l'animal.

C'était le premier cerf que nous voyions de près, Tillier et moi ; aussi ne pouvions-nous pas nous lasser de le regarder. Il était de la taille d'un petit cheval et pesait bien quatre cents.

Quant à Aluna, il opérait sur l'animal en homme

qui a la grande habitude de cette sorte de travail.

Il était à peu près cinq heures du soir, l'endroit était excellent pour y passer la nuit. Un charmant petit ruisseau descendait de la montagne à dix pas de l'endroit où le cerf avait été tué. J'allai détacher le cheval et je l'amenai.

Nous traînâmes le cerf à grand'peine jusqu'au bord du ruisseau, où nous le suspendîmes par un de ses pieds de derrière à la branche d'un chêne ; ce bel arbre avait un feuillage si épais, que, dans la circonférence qu'il embrassait, la terre était presque humide.

Aluna accomplit à l'instant même sur nos lièvres, nos écureuils et nos perdrix, la même opération qu'il avait accomplie sur le cerf, dont la fressure nous faisait un copieux et excellent souper ; il s'agissait donc de conserver le gibier qui nous était devenu inutile, et dont nous pouvions tirer parti en le vendant.

A l'instant même, la tente fut dressée, le feu allumé, et la cuisine commença.

C'était encore Aluna qui se chargeait de ce soin.

Le foie de l'animal, sauté à la poêle dans du saindoux et assaisonné d'un verre de vin et de quelques gouttes d'eau-de-vie, était un excellent manger.

Comme nous avions encore du pain frais, le dîner fut complet sous tous les rapports, et nous le comparâmes avantageusement à nos dîners des mines, composés de tortilles et de haricots.

Le dîner terminé, Aluna nous invita à dormir, nous demandant quel était celui de nous qui désirait être réveillé vers minuit pour aller à l'affût avec lui.

L'un de nous devait affectivement demeurer dans la tente pour empêcher les chacals de venir prendre leur part de notre gibier.

Nous avions la tête tellement montée par le résultat de notre chasse, que, ni Tillier ni moi ne voulant rester, nous fûmes obligés de tirer à la courte paille. Ce fut moi qui gagnai; Tillier se résigna à garder la tente.

Nous nous enveloppâmes dans nos couvertures et nous nous endormîmes.

Mais ce premier repos ne fut pas long : à peine faisait-il nuit serrée, que nous fûmes réveillés par les glapissements des chacals. On eût dit un troupeau d'enfants que l'on égorgeait. Parfois nous avions entendu ces cris dans nos campements, mais jamais menés à si grand orchestre. L'odeur de la chair fraîche les attirait, et il était évident que la précaution indiquée par Aluna, de laisser un gardien près de notre chasse, n'était point inutile.

A minuit, nous partîmes, montant la montagne contre le vent, ce qui faisait que le gibier placé dans les régions supérieures ne pouvait nous sentir.

Je demandai à Aluna des renseignements sur la chasse qu'il comptait me faire faire. A son avis, le cerf qu'il avait tué était si gros, qu'il devait être un cerf de harde. En nous plaçant sur les bords du ruisseau, nous devions, vers deux heures du matin, disait Aluna, avoir connaissance du reste de la harde.

S'il se trompait à l'endroit des compagnons du mort, les bords du ruisseau étaient encore une bonne place pour tout autre gibier.

Aluna me désigna pour mon poste un enfoncement de rocher, et monta à cent pas au-dessus.

Je me blottis dans ma cavité, passai la baguette de mon fusil dans le canon, pour voir si la charge n'était pas dérangée, et, trouvant toutes choses en état, j'attendis.

XII

NOTRE PREMIÈRE NUIT DE CHASSE DANS LES PRAIRIES

Il y a une chose qu'ont pu remarquer les chasseurs d'affût, c'est que la nuit, que l'homme prend pour un repos général donné à la nature, parce que lui, généralement, l'occupe au sommeil, est, sous les chaudes latitudes surtout, presque aussi vivante que le jour. Seulement, cette vie n'est pas la même. On la sent inquiète, mystérieuse, pleine de dangers pour cette portion du règne animal qui s'y livre. Les nyctalopes seuls semblent à leur aise, et encore, de même que l'aile du duc, de l'orfraie, du chathuant, de la chouette et de la chauve-souris est mystérieuse, de même le pas du loup, du renard et des petits animaux carnassiers qui chassent la nuit est furtif et plein de précautions; il n'y a que le chacal, à l'éternel glapissement, qui semble à son aise dans l'obscurité.

Au reste, tous ces bruits, l'homme de la ville, transporté au milieu des prairies ou de la forêt, ne les entendrait pas, ou, s'il les entendait, ne pourrait pas les rapprocher de leur cause. Mais, peu à peu, le chasseur, par le besoin qu'il a de les connaître, arrive à les distinguer les uns des autres, et, sans même avoir besoin de voir l'animal, à les rapporter à celui qui les produit.

Resté seul, et quoique sachant Tillier dans sa tente, et Aluna à cent pas au-dessus de moi, j'éprouvai la sensation de l'isolement. Tant que l'homme s'appuie à l'homme, tant qu'il sent qu'il peut donner et recevoir secours, qu'il a deux yeux pour voir en avant, deux yeux pour voir en arrière, et quatre bras pour se défendre, la nature ne lui paraît pas si imposante, si terrible, si hostile, que lorsqu'il se trouve réduit à sa seule intelligence pour pressentir le danger, à ses seuls sens pour le voir, à sa seule force pour le combattre. Alors cette confiance en lui-même disparaît, cette admiration pour ses facultés s'amoindrit; il est arrivé à envier l'instinct ou la sagacité des animaux; il voudrait avoir l'oreille du lièvre pour écouter, l'œil du lynx pour voir, le pied léger du chat-tigre pour ne pas être entendu.

Puis peu à peu, comme l'homme est un animal essentiellement éducable, il acquiert toutes ces qualités au degré où il les peut avoir; et pour lui, à son tour, la nuit qui n'a plus de mystère, en conservant une partie de ses dangers, lui fait une sauvegarde contre eux en lui apprenant les moyens de défense.

Au bout de quinze jours passés dans les prairies sous la direction d'Aluna, et surtout sous l'inspiration de mes craintes ou de mes espérances de chasseur, j'en étais arrivé à reconnaître le bruit du serpent qui se glisse dans l'herbe, de l'écureuil qui saute de branche en branche, du chevreuil qui pince de la corne de son pied les arêtes de la pierre pour venir boire au torrent.

Mais, cette première nuit, tout fut confus, et le temps se passa dans un trouble continuel. Je croyais toujours voir, comme dans la nuit de la sierra Nevada, les yeux ardents d'un loup se fixer sur moi, ou se mouvoir à quelques pas la masse informe d'un ours.

Rien de tout cela n'était cependant : nous étions dans une contrée où ni les uns ni les autres de ces animaux ne se hasardent que bien rarement, surtout l'été.

Je n'en entendis pas moins tout autour de moi de grands bruits, mais sans rien voir. Deux ou trois fois j'entendis les brusques écarts de gros animaux qui, soit de caprice, soit d'effroi, bondissaient à dix, quinze ou vingt pas de moi; mais c'était sur mes côtés ou derrière moi, et par conséquent sur des points que ne pouvait embrasser ma vue, que retentissait ce bruit.

Tout à coup, au milieu du silence, j'entendis la claire et sèche détonation du fusil d'Aluna. Presque aussitôt des bruits s'éveillèrent dans toute la direction ; quelque chose comme le galop d'un cheval s'approcha de moi. Je vis passer de l'autre côté du torrent un animal qui me parut gigantesque, et auquel j'envoyai à tout hasard, et pour l'acquit de ma conscience, mes deux coups de fusil.

Puis je restai immobile et comme effrayé moi-même de la détonation de l'arme que j'avais entre les mains.

Mais presque aussitôt j'entendis un petit sifflement, et je reconnus qu'Aluna me prévenait de me rallier à lui.

Je remontai les bords du torrent, et je le trouvai occupé à faire à une biche la même opération que je lui avais vu faire au cerf.

La biche était touchée juste au même endroit

que le cerf, et ne me paraissait pas avoir plus longtemps que lui survécu à la blessure.

Il me demanda sur quoi j'avais tiré ; je lui racontai la gigantesque vision qui m'était apparue, et, à la description que je lui en fis, Aluna crut reconnaître que j'avais envoyé mes deux coups de fusil à un élan.

Il n'y avait point à espérer faire autre chose dans la nuit ; nos deux coups de fusil avaient évidemment mis sur pied tous les animaux de la prairie, et, une fois éventés par eux, il était certain qu'ils n'auraient plus l'imprudence de se rapprocher de nous. Nous fîmes une espèce de lit de branches sur lequel nous couchâmes notre biche ; nous nous attelâmes chacun à une patte de derrière, et, faisant glisser ce lit de branches en même temps que l'animal, afin de ménager sa peau, dont on fait de fort belles selles, nous commençâmes à le traîner vers notre tente.

Nous trouvâmes Tillier debout et nous attendant.

Il n'avait pas dormi une seconde, passant son temps à effaroucher les chacals, qui semblaient s'être réunis de tous les points de la prairie pour monter à l'assaut de notre gibier. Quelques-uns étaient tombés sur les intestins du cerf, que nous avions jetés à une vingtaine de pas de notre tente, et en avaient fait curée; ce qui avait été facile à reconnaître aux cris joyeux de ceux qui avaient eu cette bonne aubaine, et qui semblaient se rire des glapissements tristement affamés de leurs compagnons.

La chasse était bonne et suffisante pour un voyage à San-Francisco. Nous avions un cerf, une biche, quatre lièvres, deux écureuils et deux perdrix huppées. Il fut donc décidé que Tillier et moi partirions à l'instant même pour San-Francisco, afin de faire de l'argent de notre gibier.

Aluna resterait à la garde de la tente et tâcherait, en notre absence, de faire le plus grand abatis possible de cerfs et de chevreuils.

Nous chargeâmes à grand'peine le cerf et la biche

sur le dos de notre cheval ; nous y ajoutâmes, en manière d'ornements, les lièvres, les écureuils, les lapins et les perdrix ; et, comme le jour allait poindre, nous reprîmes le chemin de la baie de San-Francisco. En ne perdant pas de temps, nous pouvions arriver à la ville vers les quatre heures.

Rien n'était plus facile que de suivre, en retournant à San-Francisco, le chemin que nous avions pris pour venir la veille ; notre passage était tracé dans la prairie, comme, le matin, sont tracés dans un trèfle le passage du chien et du chasseur qui viennent de le battre.

Avant de partir, je recommandai à Aluna d'aller voir, à l'endroit où j'avais tiré l'élan, s'il n'y avait pas trace de sang. Je l'avais tiré de si près, qu'à mon avis, malgré la surprise qu'il m'avait causée, il me paraissait impossible que je ne l'eusse pas touché.

La matinée était fraîche et charmante ; jamais nous ne nous étions sentis, Tillier et moi, si légers et si joyeux. Il y a dans la vie indépendante du chasseur quelque chose de fier et de satisfait comme la liberté elle-même.

Vers cinq heures du matin, nous fîmes halte pour manger un morceau. Nous avions emporté un pain creusé, et, à la place de la mie enlevée, nous avions introduit le reste du foie de notre cerf; en outre, nous avions une gourde pleine d'eau et d'eau-de-vie. C'était autant qu'il en fallait pour faire un repas de prince.

Pendant que nous déjeunions au pied d'un chêne vert et que notre cheval tout chargé mangeait des bourgeons d'arbousier, dont il était très friand, nous aperçûmes une douzaine de vautours qui se livraient à de singulières évolutions.

A chaque instant, leur bande s'augmentait, et, de douze, elle fut bientôt portée à vingt ou vingt-cinq.

Ils semblaient, dans leur vol, suivre la marche dans la prairie d'un homme ou d'un animal qui, de temps en temps, serait forcé de s'arrêter. Alors eux-mêmes s'arrêtaient, s'élevant, s'abaissant, quelques-uns fondant jusqu'à terre, puis se relevant comme effrayés.

Il était évident qu'il se passait dans la prairie, à un quart de lieue de nous, à peu près, quelque chose d'extraordinaire.

Je pris mon fusil, et, m'étant orienté, pour ne pas me perdre, sur le bouquet de chênes du centre duquel un grand pin s'élançait pareil à un immense clocher, je me glissai dans la prairie.

Il n'y avait pas de danger que je m'égarasse. Je n'avais qu'à lever les yeux, le vol des vautours me guidait.

Ce vol devenait de plus en plus agité; de différents points de l'horizon, de nouveaux oiseaux de la même espèce arrivaient à tire-d'aile : c'était quelque chose de merveilleux de force et de puissance que ce vol rapide comme la balle, et pour lequel, une fois lancé, l'oiseau semblait n'avoir plus besoin de faire aucun mouvement. Puis, arrivé au groupe principal, chaque vautour paraissait éprouver la curiosité générale et se mêler pour son compte au drame, quel qu'il fût, qui se passait ou qui allait se passer.

Comme le vol des vautours n'était pas rapide, une fois réunis; comme ils tournoyaient beaucoup sur eux-mêmes; comme ils s'élevaient et s'abattaient alternativement, je gagnais visiblement sur eux. Tout à coup leur mouvement cessa d'être progressif et devint complétement stationnaire; ils poussaient des cris aigus, battaient des ailes et se donnaient un grand mouvement. J'étais alors à cent pas à peine de l'endroit sur lequel, à chaque instant, ils paraissaient prêts à s'abattre.

C'était au plus épais de la prairie; en me haussant sur la pointe des pieds, à peine ma tête pouvait-elle atteindre à la hauteur de l'herbe; mais, comme je l'ai dit, le groupe de vautours me guidait; je continuai donc mon chemin.

D'un autre côté, j'apercevais Tillier, qui, monté sur un arbre, m'adressait de loin des paroles que je ne pouvais pas entendre, et me faisait des gestes que je ne comprenais pas.

D'où il était, il semblait voir la scène qui se passait et vers laquelle ses cris et ses gestes essayaient de me guider.

Comme je n'avais plus qu'une cinquantaine de pas à faire pour être sur le lieu de l'événement, je continuai ma route, le fusil armé et prêt à faire feu à tout événement.

Quand j'eus fait une vingtaine de pas encore, il me sembla entendre des plaintes, puis le bruit qui accompagne une lutte désespérée ; en même temps, les vautours s'élevaient, tournaient, s'abaissaient avec des cris furieux.

On eût dit qu'un larron auquel ils ne s'attendaient pas leur enlevait inopinément une proie sur laquelle ils avaient tout droit de compter, et qu'ils avaient déjà regardée comme la leur.

A ce bruit, à ces gémissements qui semblaient assez proches, je redoublai de précautions, et, m'avançant toujours, je devinai que je n'étais plus séparé des acteurs de cette lutte, quels qu'ils fussent, que par une distance de quelques pieds.

J'écartai doucement le dernier obstacle, et, rampant comme une couleuvre, j'arrivai à la lisière de l'herbe.

Un animal dont, au premier regard, je ne reconnus pas l'espèce, était couché à dix pas de moi, encore tout palpitant des derniers tressaillements de l'agonie, et servant en quelque sorte de barricade à un homme dont je n'apercevais que le bout du fusil et le haut de la tête.

Cet homme, l'œil fixé sur le point d'où je m'apprêtais à sortir, semblait n'attendre pour faire feu que mon apparition.

Fusil, tête, œil ardent, je reconnus tout cela à la fois et d'un seul regard; et, me levant tout à coup:

— Eh! père Aluna! m'écriai-je, pas de bêtise! Diable, c'est moi!

— Je m'en doutais, répondit Aluna en abaissant son fusil; en ce cas, tant mieux, vous allez m'aider. Mais envoyez d'abord un coup de fusil à tous ces braillards-là, ou ils ne nous laisseront pas un instant en repos.

Et il me montrait les vautours qui faisaient rage au-dessus de notre tête.

Je lâchai mon coup au plus épais de la bande; un vautour atteint tomba en tournoyant. Aussitôt les autres s'élevèrent de manière à se mettre hors de portée; cependant ils parurent tenir à ne pas nous perdre de vue.

Je demandai à Aluna l'explication de notre rencontre.

C'était la chose la plus simple : comme je le lui avais recommandé, il avait été, au jour, examiner la place où j'avais tiré mon élan; ainsi que je l'avais prévu, mon animal était blessé, ce qui avait été facile à reconnaître à la trace de sang qu'il avait laissée dans sa fuite.

Aluna s'était mis aussitôt à suivre cette trace de sang.

Avec sa science de chasseur, il avait bientôt reconnu que l'animal était non-seulement blessé, mais encore blessé à deux endroits, au cou et à la cuisse de derrière.

Au cou, parce que les branches, à la hauteur de six pieds, avaient conservé des vestiges sanglants.

A la cuisse de derrière, parce que, l'élan ayant traversé un espace sablonneux, Aluna n'avait trouvé sur le sable que la trace de trois pieds ; le quatrième, au lieu de s'appuyer, traînait et traçait sur le sol une espèce de sillon irrégulier, tout semé de gouttes de sang.

Présumant, en conséquence, que, atteint ainsi, l'animal ne pouvait aller loin, il s'était mis à sa poursuite.

Au bout d'une lieue, à peu près, il avait trouvé l'herbe foulée et abondamment souillée de sang ; l'animal, épuisé par ses blessures, avait été obligé de s'arrêter un instant. A l'approche d'Aluna seulement, il s'était relevé et avait repris sa course. C'était alors que les vautours, selon leur habitude quand un animal est blessé dans la prairie, s'étaient mis à le poursuivre jusqu'à ce qu'il tombât. C'était ce vol, dont, moins versé qu'Aluna dans les mystères de la chasse, j'ignorais la cause, qui m'avait guidé en le guidant lui-même. Malheureusement pour les vautours, au moment où, manquant de force pour aller plus loin, l'élan était près de tomber, et où ils étaient, eux, prêts à fondre sur lui et à le déchiqueter vivant, Aluna était arrivé, et, pour ne pas perdre inutilement une charge de poudre, il lui avait coupé le jarret.

De là ces plaintes et ce bruit que j'avais entendus sans pouvoir en deviner la cause.

Notre chasse était augmentée d'une pièce qui à elle seule pesait autant que toutes les autres.

XIII

L'HERBE A SERPENT

Il n'y avait pas moyen de surcharger notre malheureux cheval de ce nouveau fardeau : il portait tout ce qu'il pouvait porter.

Nous avisâmes de loin une charrette qui venait de Santa-Rosa à Sonoma. Elle appartenait à un homme des ranchs. Nous fîmes prix avec lui ; moyennant deux piastres, il nous permit de mettre notre élan dans sa voiture et nous aida lui-même à l'y transporter.

Le soir, il retournait à Santa-Rosa : il ramènerait notre cheval, dont la charge, une fois arrivée à Sonoma, allait passer dans le bateau ; Aluna le lui reprendrait sur la route, où il l'attendrait en chassant.

Nous continuâmes notre chemin avec Tillier. A une heure de l'après-midi, nous étions à Sonoma.

Notre baleinière était sur le rivage. Avec l'aide de quelques hommes de Sonoma, nous fîmes passer notre chasse dans le bateau.

Le vent était nord-est, excellent par conséquent pour traverser le golfe : nous déployâmes la voile, et, trois heures après, nous étions à San-Francisco.

Il était quatre heures de l'après-midi. Je courus à la principale boucherie, tandis que Tillier gardait le gibier, recouvert d'herbes et de feuilles.

Cette boucherie était tenue par un Américain.

Je lui dis ce qui m'amenait chez lui et quel chargement nous apportions. En temps ordinaire, à San-Francisco, un cerf vaut de soixante et dix à quatre-vingts piastres; un chevreuil, de trentre à trente-cinq piastres; un lièvre, de six à huit piastres; une perdrix huppée, une piastre; un écureuil, cinquante sous.

Il n'y avait pas de prix fait pour un élan. Je crois que c'était le premier qu'on eût amené à une boucherie de San-Francisco.

Nous fîmes du tout une cote mal taillée, et, en échange de plus de quinze cents livres de viande, nous reçûmes trois cents piastres.

Nous repartîmes le soir même. En ramant vigoureusement, nous fûmes à Sonoma vers une heure du matin. Nous nous couchâmes dans le fond de notre bateau, et nous dormîmes jusqu'à cinq heures.

Nous nous mîmes aussitôt en route pour rejoindre Aluna. Cette fois, nous appuyâmes un peu plus à droite, afin de suivre le versant occidental d'une petite chaîne de collines où les herbes étaient bien moins hautes que dans la prairie, et où, par conséquent, la chasse était plus facile.

Sept ou huit chevreuils nous partirent. Nous en tuâmes deux.

Nous avions étudié avec grand soin l'opération que leur faisait subir Aluna après leur mort, opération plus nécessaire dans un climat aussi chaud que l'est la Californie que partout ailleurs.

Nous choisîmes des chênes assez épais de ramure pour conserver nos chevreuils frais, et nous les y suspendîmes à des branches assez élevées pour que les chacals n'y pussent atteindre.

A onze heures, nous étions de retour au campement.

En y arrivant, nous aperçûmes, pendus aux branches d'un chêne, un chevreuil et un cerf. Aluna, de son côté, n'avait point perdu son temps.

Aussi, comme la chaleur commençait à atteindre sa plus grande intensité, pensâmes-nous qu'il faisait sa sieste; en conséquence, nous nous approchâmes sur la pointe du pied. En effet, il dormait du plus profond sommeil.

Mais quelque chose dormait près de lui, roulé

dans son puncho, qui nous effraya singulièrement pour lui.

C'était un serpent à sonnettes, qui était venu chercher le chaud et le moelleux de la laine.

Aluna dormait sur le côté droit. En supposant qu'il se retournât pendant son sommeil sur le côté gauche, il pressait le serpent contre la terre, et infailliblement le serpent le mordait.

Nous restâmes, Tillier et moi, sur le seuil de la tente, haletants, les yeux fixés sur l'animal au poison mortel, ne sachant pas ce que nous devions faire.

Au moindre bruit, Aluna pouvait faire un mouvement : ce mouvement, c'était la mort.

Enfin, nous nous résolûmes à débarrasser notre camarade de son terrible compagnon de sommeil, car le serpent paraissait dormir comme lui et d'un aussi bon sommeil que lui.

Nous avons dit quelle était la position d'Aluna : il dormait couché sur le côté droit et roulé dans son puncho.

L'animal s'était glissé contre lui ; sa queue et la partie inférieure de son corps disparaissaient dans les plis du manteau ; une portion de la partie supérieure, roulée sur elle-même, reparaissait tournée comme un gros câble ; puis la tête s'enfonçait sous le cou même du dormeur.

Tillier décrivit un cercle, tourna du côté de la tête d'Aluna, et, introduisant le canon de son fusil dans la courbe faite par le reptile, il s'apprêta, par un mouvement rapide, à le jeter loin de lui.

Pendant ce temps, j'avais tiré une espèce de couteau de chasse que je portais d'habitude à ma ceinture, et je m'apprêtais à trancher en deux le serpent.

Je fis signe à Tillier que j'attendais. Aussitôt, le fusil, faisant l'effet d'un ressort, enleva le serpent et le jeta contre la toile de notre tente.

Je ne l'attendais point là ; aussi le manquai-je avec mon couteau de chasse quand il retomba à terre.

Le serpent se dressa sur sa queue en sifflant, et,

je l'avoue, quand je vis cet œil terne s'enflammer comme un rubis, cette gueule livide s'ouvrir démesurément, tout mon sang se figea.

Cependant, le mouvement avait réveillé Aluna. Au premier coup d'œil, sans doute il ne comprit pas ce que signifiaient Tillier avec son fusil, et moi avec mon couteau ; mais la vue du serpent lui expliqua tout.

— Ah ! ver de terre ! dit-il avec un accent de mépris impossible à rendre.

Et, allongeant son grand bras, il saisit le serpent par la queue, le fit tourner deux ou trois fois en sifflant, comme un frondeur fait de sa fronde, et lui brisa la tête contre le piquet de notre tente.

Puis, avec un suprême dédain, il le jeta à vingt pas, sortit, s'achemina vers le ruisseau, se lava les mains, les essuya avec des feuilles de chêne et revint nous trouver en disant :

— Eh bien, la vente a-t-elle été bonne ?

Tillier et moi étions pâles comme la mort.

Tillier lui tendit le sac. Aluna se mit à compter

les piastres, fit trois parts égales, et, avec un signe évident de satisfaction, mit ses cent piastres dans un sac de cuir pendu à sa ceinture.

De ce moment seulement, je l'avoue, Aluna prit dans mon esprit et dans celui de Tillier toute la considération qu'il méritait.

Il y avait plus : c'est que nous ne faisions pas chez lui la part de l'habitude. Peut-être, au commencement de sa vie aventureuse, avait-il été aussi timide que nous; peut-être la vue du premier serpent à sonnettes l'avait-elle encore plus effrayé, lui, que nous la vue de celui-là; mais l'habitude était venue, l'habitude qui familiarise avec tout, même avec la vue de la mort.

En effet, dans ses courses vers l'est, dans ses explorations au milieu de ce pays inconnu encore aujourd'hui, qui s'étend entre les deux routes suivies par les caravanes, et dont l'une se rend du lac Pyramide à Saint-Louis-Missouri, et l'autre de Monterey à Santa-Fé; dans ces espaces immenses où les rivières sans issue se perdent dans les sables et forment à la fin de leur cours des lagunes et des marais imprégnés de sels, chargés de bitume et sillonnés par des hommes et des animaux aussi sauvages les uns que les autres, Aluna s'était habitué à tous les périls.

Quant aux serpents à sonnettes, voici comment Aluna avait fait connaissance avec eux :

Un soir que, sur la rive gauche du rio Colorado, chez les Indiens Navajoas, il venait de remettre dans leur chemin deux missionnaires et un Anglais qui s'étaient perdus, Aluna, qui avait horreur des chemins frayés, s'était rejeté au grand galop de son cheval dans la prairie ; arrivé au bord d'un ruisseau, il jugea le lieu propre à y passer la nuit, débrida son cheval, étendit sa peau de bison, prépara sa selle comme une ménagère arrange son traversin, et, pour faire cuire quelques tranches de daim, aussi bien que pour éloigner de lui les bêtes féroces pendant son sommeil, il alluma du feu, après avoir eu le soin d'arracher l'herbe tout autour de la place destinée au foyer, afin de ne pas communiquer le feu à la prairie.

Le feu allumé, les tranches de daim posées sur les charbons, Aluna craignit de n'avoir pas assez de bois pour sa nuit; et, comme un grand pin s'élevait de l'autre côté du ruisseau, il ouvrit son couteau mexicain pour en aller tailler quelques branches, et, prenant son élan, il sauta de l'autre côté du ruisseau.

Mais son pied porta sur quelque chose de vivant où il glissa.

Aluna tomba à la renverse.

Aussitôt il vit se dresser au-dessus de l'herbe la tête d'un serpent à sonnettes, et au même instant une vive douleur au genou lui apprit que le serpent venait de le mordre.

Le premier mouvement fut tout à la colère. Aluna se jeta sur le reptile, et, avec son couteau mexicain, le tailla en trois ou quatre morceaux.

Mais lui était blessé et, selon toute probabilité, blessé mortellement.

Ce n'était plus la peine d'aller couper du bois pour prolonger son feu : avant que son feu fût éteint, Aluna serait mort.

Il s'en revint, triste, morne, et faisant une prière qu'il croyait être la dernière, se rasseoir auprès de son feu ; car il lui semblait déjà éprouver par tout le corps une sensation glacée.

Il était donc là, préparé à son dernier instant, sa jambe déjà engourdie, étendue, enflant et bleuissant, quand tout à coup il se souvint, — et Aluna ne doutait point que ce ne fût grâce à sa prière que ce souvenir lui était venu, — quand il se souvint, dis-je, qu'en arrachant l'herbe autour de son foyer, il avait arraché plusieurs pieds de l'herbe que les Indiens appellent l'*herbe à serpent*.

Il fit un effort et se traîna vers l'endroit où il se rappelait avoir vu cette herbe.

Il y en avait, en effet, deux ou trois pieds qu'Aluna avait arrachés avec leur racine.

Aussitôt il lava et essuya son couteau encore tout visqueux et ensanglanté, et, tout en mâchant une des racines pour ne pas perdre de temps, il coupa le reste en petites tranches, qu'il fit bouillir dans une tasse d'argent que venait de lui donner l'Anglais, pour prix du service qu'il lui avait rendu en le remettant dans son chemin.

Puis, comme il avait vingt fois entendu dire aux sauvages ce qu'il fallait faire, il appuya la racine mâchée sur la double plaie de sa jambe : c'était le premier pansement.

Pendant ce temps, la racine bouillait dans la tasse d'argent, et donnait un breuvage d'un vert foncé, exhalant une forte odeur d'alcali.

Tel qu'il était, ce breuvage eût été insupportable à avaler ; mais Aluna l'étendit d'eau, et, malgré sa répugnance, il avala la tasse tout entière.

Il était temps. A peine cette boisson avalée, le vertige le prit : la terre devenait mobile, un ciel livide tournait au-dessus de sa tête ; la lune qui se levait lui semblait une énorme tête coupée et suant du sang.

Il poussa un long soupir, qu'il crut le dernier, et tomba sans mouvement sur sa peau de bison.

Le lendemain, au point du jour, Aluna fut réveillé par son cheval, qui, ne comprenant rien au sommeil de son maître, lui léchait le visage. Lui-même, en se réveillant, ne se rappelait rien de ce qui s'était passé. Il éprouvait un engourdissement général, un sentiment de douleur sourde, de lassitude profonde; et quelque chose de pareil à une mort partielle s'était emparé de toute la partie inférieure de son corps.

Il se souvint alors de ce qui lui était arrivé.

Ce fut avec une anxiété profonde qu'il ramena vers lui sa jambe blessée, ouvrit son pantalon et chercha la plaie sous le cataplasme de racine mâchée qu'il avait assuré autour de sa jambe avec son mouchoir.

La plaie était vermeille et la jambe à peine enflée.

Alors il renouvela l'opération de la veille, mâcha de nouveau la racine salutaire; mais, cette fois, malgré son odeur alcaline, malgré son goût de térébenthine, il prit sur lui d'en avaler le suc.

Puis il appliqua un nouveau cataplasme à la place de l'ancien.

Après quoi, n'ayant pas la force de gagner l'ombre, il se glissa sous sa peau de bison, au lieu de rester dessus.

Là, pris par la transpiration comme dans une étuve, il resta jusqu'à trois heures de l'après-midi. A trois heures, il se sentit la force d'aller jusqu'au ruisseau laver sa jambe, et but quelques gorgées d'eau fraîche.

Quoique la tête fût toujours lourde, quoique le pouls battît fiévreusement, Aluna se sentait beaucoup mieux. Il appela son cheval, qui vint à sa voix ; il le sella, roula sa peau de bison comme un portemanteau, fit provision de son herbe à serpent, et, s'étant mis en selle avec des efforts inouïs, il lança son cheval dans la direction d'un village navajoas, distant de cinq ou six lieues.

C'était une peuplade dont il s'était fait l'ami.

Aussi fut-il admirablement reçu. Un vieux sauvage entreprit sa guérison; et, comme il était déjà en convalescence, cette guérison ne tarda pas à être complète.

Depuis ce temps, Aluna considérait la morsure du serpent à sonnettes comme un accident ordinaire; il est vrai qu'il portait constamment sur lui, dans un petit sac de peau, de l'herbe et de la racine préservatrices, renouvelant l'une et l'autre toutes les fois que l'occasion s'en présentait.

XIV

ALUNA

Aluna disait souvent, en relevant la tête avec un certain mouvement de mélancolie :

— Du temps que j'étais fou !

Nous ne sûmes jamais de quelle folie il voulait parler. Je crus, moi, et, jusqu'à preuve contraire, je persisterai dans ma croyance, que, pour Aluna, ces mots : *Du temps que j'étais fou,* voulaient simplement dire : « Du temps que j'étais amoureux. »

Par d'autres bribes de conversation arrachées à

nos longues causeries du soir, je crus comprendre, comme je viens de le, dire, qu'Aluna avait été amoureux, et qu'ayant perdu la femme qu'il aimait, il était tombé dans une espèce de spleen qui l'avait conduit aux portes de la folie. Comment avait-il perdu cette femme? Le point resta toujours obscur à mes yeux; car jamais Aluna ne dit rien de positif sur ce sujet, et je n'en puis parler que par supposition.

Enfin, du temps qu'Aluna était fou, il habitait alors du côté des monts de la rivière du Vent, sur les bords du fleuve Arkansas; il avait entrepris de se bâtir une cabane. Cette cabane, commencée avec amour, pourquoi ne l'avait-il pas achevée? pourquoi était-elle restée à moitié construite, à peine fermée par des contrevents mal joints, par une porte à simple loquet? N'est-ce point qu'Aluna vit un beau jour qu'il allait lui falloir habiter seul une maison qu'il avait commencée pour deux, et que, dès lors, peu lui importait que la maison restât ouverte ou fermée, puisque le seul trésor qu'il jugeât digne de verrous et de serrures avait disparu ?

Une nuit qu'après une longue absence il était rentré trouvant ouverte la porte qu'il s'attendait à trouver fermée, il crut s'apercevoir qu'un amas de maïs qu'il avait fait dans un des angles de la cabane et qui touchait au plafond était fort diminué. Peu lui importait cette provision de maïs, toujours trop considérable pour lui et qu'il eût partagée à l'instant même entre ceux de ses voisins qui la lui eussent demandée ; mais Aluna n'aimait point qu'on touchât à son bien sans l'en prévenir, et il voyait dans le vol non pas seulement le vol, mais une espèce de mépris que fait le voleur du volé.

Sous ce rapport, le vol mit Aluna de fort mauvaise humeur.

Le voleur avait laissé la porte ouverte ; donc, il ne se gênait pas et comptait revenir.

Aluna se coucha, mit près de lui une espèce de hache dont il se servait pour son charpentage, et, son couteau mexicain passé à la ceinture, il attendit le voleur.

Mais, pour Aluna comme pour tous les hommes à la vie active, le sommeil, ne fût-il pris qu'à une petite dose, est de toute nécessité.

En conséquence, quels que fussent les efforts que fît Aluna pour demeurer éveillé, il s'endormit.

Au milieu de la nuit, il se réveilla. Il lui sembla qu'on ravageait audacieusement son tas de maïs et que les feuilles sèches criaient sous une pression qui n'avait aucunement l'intention de se dissimuler.

Sans doute le voleur ne s'était pas même donné la peine de venir voir jusqu'au lit, et, croyant Aluna toujours absent, il fourrageait sans inquiétude le tas de maïs.

Cela parut audacieux à Aluna, qui cria en espagnol :

— Qui va là ?

Le bruit cessa, mais aucune voix ne répondit.

Aluna se souleva sur son lit, et, voyant que le voleur gardait le silence, il renouvela la question en langue indienne; mais l'interrogation n'obtint pas plus de succès dans une langue que dans l'autre.

Ce silence ne laissait pas que d'être inquiétant : l'individu, quel qu'il fût, qui était entré dans la cabane, voulait sans doute en sortir comme il y était entré, c'est-à-dire incognito. Il semblait même marcher à pas lents et sourds, comme un homme qui craint d'être entendu, quoique de temps en temps sa respiration, sur laquelle il ne paraissait pas avoir le même empire, décelât sa présence.

Il semblait même à Aluna que ces pas, au lieu de se diriger vers la porte, se rapprochaient de lui.

Bientôt il n'y eut plus de doute; le voleur cherchait à le surprendre en s'avançant vers le renfoncement qui lui servait d'alcôve.

Aluna se prépara à soutenir la lutte.

Comme elle paraissait devoir être corps à corps, il prit son couteau de la main gauche, sa hache de la main droite, et attendit.

Bientôt il sentit plutôt qu'il ne vit que son adversaire n'était plus qu'à deux pas de lui.

Il étendit la main et rencontra une peau rude et velue.

Il n'y avait pas de doute à avoir : le voleur était un ours.

Aluna se recula vivement ; mais derrière lui était le mur, qui l'empêchait d'aller plus loin : il fallait donc, bon gré mal gré, accepter le combat.

Aluna n'était pas homme à reculer ; d'ailleurs, comme il le disait lui-même, c'était du temps qu'il était fou et où tout danger lui était indifférent, attendu qu'il aimait autant en finir tout de suite avec les années qu'il avait encore à vivre.

Il leva son bras armé de la hache et l'abattit de toute volée de haut en bas à tout hasard, et s'en rapportant au hasard ou à la Providence de ce que l'arme rencontrerait.

Elle rencontra une des pattes de l'ours, à laquelle elle fit une large entaille.

A ce coup, l'ours ne garda plus le silence ; il rugit terriblement, et, de son autre patte, ayant attrapé Aluna par le flanc, il l'attira vers lui.

Aluna n'eut que le temps, en passant sa main sous la patte de l'ours, d'appuyer le manche de son couteau contre sa cartouchière mexicaine.

Il en résulta que, plus l'ours serrait étroitement Aluna contre lui, plus il s'enfonçait de lui-même le couteau dans la poitrine.

Pendant ce temps, de la main droite, Aluna frappait sur le nez de l'ours avec le manche garni de fer de sa hache.

Mais l'ours est un animal à peau dure : il fut longtemps à s'apercevoir qu'il se poignardait lui-même en serrant Aluna contre lui. Celui-ci commençait même à trouver l'étreinte un peu forte, quand, par bonheur, le couteau pénétra dans les œuvres vives. L'ours poussa un rugissement de douleur et jeta Aluna de côté.

Lancé avec une violence dont lui-même ne s'était point fait une idée, Aluna eût été aplati contre la muraille, si le hasard n'eût point fait qu'il passât par la porte ouverte et s'en allât rouler à dix pas de là.

Dans sa chute, Aluna ne put retenir sa hache, et, comme il avait laissé son couteau dans le ventre de l'ours, il se trouva désarmé.

Par bonheur, à portée de sa main se trouva un piquet de chêne pointu comme un épieu et préparé avec plusieurs autres pour faire un enclos autour de la maison.

Aluna avait été jeté sur le piquet, et, en se relevant, quoiqu'un peu étourdi de la chute, il l'avait ramassé. Dans les mains d'un homme vigoureux comme l'était Aluna, c'était une arme aussi terrible que l'était la massue aux mains d'Hercule.

Il eut bientôt lieu de s'en servir, car l'animal, furieux de sa double blessure, le suivait en grondant hors de la cabane. Aluna ne tenait pas à la vie, mais il ne voulait pas en sortir par une voie si dure que celle dont le menaçait le terrible animal qui s'acharnait contre lui : il rassembla donc toutes ses forces, et, comme il s'agissait visiblement d'un combat mortel, il fit pleuvoir sur l'ours une grêle de coups à briser les os d'un taureau.

Mais l'ours, avec l'habileté du plus adroit escrimeur, parait la plupart des coups qu'on lui portait, cherchant toujours à saisir le piquet et à l'arracher des mains d'Aluna; il y eût réussi plus tôt sans sa patte blessée, mais enfin il y réussit. Une fois le piquet saisi par l'animal, Aluna ne résista que pour le lâcher; ce qu'il fit au moment même où l'ours allait le lui arracher par une violente secousse ; l'ours, qui s'attendait à une résistance, tomba en arrière. Aluna profita de cette chute pour s'élancer dans sa maison et en repousser vivement la porte derrière lui; mais l'ours ne le tenait pas quitte à si bon marché : il revint contre la porte, presqu'en même temps qu'Aluna venait de la repousser, et tous deux, séparés par la porte arrachée de ses gonds, allèrent rouler au fond de la chambre.

En roulant, Aluna remit la main sur la hache qui lui était échappée, et, se faisant un bouclier de tout, comme de tout il se faisait une arme, il dressa la porte et s'abrita derrière elle. L'ours la saisit alors entre ses deux pattes ; c'est ce qu'attendait Aluna : il abandonna la porte, et, d'un coup de hache habilement porté, il blessa l'animal à l'autre patte.

Manchot des deux bras, ayant un couteau enfoncé jusqu'au manche dans la poitrine, l'ours comprit que la chance tournait contre lui et songea à la retraite. Mais Aluna avait ménagé tous ses mouvements pour arriver à portée de sa carabine, dont jusque-là il n'avait pas pu se servir ; la sentant enfin sous sa main, il sauta dessus, l'arma et se plaça un peu en dehors de la porte, mais en face d'elle.

En ce moment, la lune apparut entre deux nuages, comme pour venir en aide à Aluna en lui donnant la faculté de bien viser.

L'ours parut un instant hésiter pour savoir s'il sortirait de la maison ; mais enfin il en prit son parti, et, avec un rugissement terrible, se présenta à la porte.

Aluna la barrait le fusil à la main.

Force fut à l'ours de se dresser pour combattre, selon son habitude, corps à corps. Aluna guettait le mouvement : il fit un pas en arrière et fit feu à bout portant du côté opposé à celui où était déjà entré le couteau.

L'ours recula de deux pas et tomba lourdement à la renverse.

La balle lui avait traversé le cœur.

Quoique ce fût un ours noir, il était presque de la taille d'un ours gris et pesait huit cents livres.

Seulement, il est probable que, si Aluna eût eu affaire à un ours gris au lieu d'avoir affaire à un ours noir, la chose eût tourné tout autrement, l'ours gris se servant dans le combat de ses dents et de ses griffes, dont l'ours noir, au contraire, ne se sert jamais. Il essaye de saisir son ennemi à bras-le-corps, le presse contre lui et le broie dans une effroyable étreinte.

On comprend ce qu'étaient nos chasses au daim,

au chevreuil et au cerf, pour un homme habitué aux terribles chasses que je viens de raconter.

Puis Aluna avait encore échappé à bien d'autres périls près desquels ceux qu'il affrontait avec nous lui semblaient des dangers ordinaires. Ces dangers avaient certainement laissé trace dans son esprit; mais il en parlait sans terreur, prêt qu'il était à les braver encore sans hésiter un seul instant, si l'occasion s'en présentait.

Mais il n'en était pas de même de ceux qu'il avait courus, disait-il, le long du rio Colorado et dans les marécages de la partie orientale du Texas, où il avait perdu deux chevaux, dévorés par les alligators et les carvanas.

Chez nous, on sait parfaitement ce que c'est que l'alligator; mais je doute que les savants, que les naturalistes eux-mêmes aient jamais entendu parler du carvana; quant à moi, je ne voudrais pas répondre que le carvana ait jamais existé ailleurs que dans le cerveau d'Aluna.

Quoi qu'il en soit, le carvana était pour cet

homme sans peur ce que Croquemitaine est pour nos petits enfants.

Il existe, à ce qu'il paraît, dans l'est du Texas d'immenses marécages qui présentent à la surface l'aspect d'une prairie solide, et qui ne sont que de vastes lacs de vase, où un cheval et son cavalier disparaissent en quelques secondes. Au milieu de ces effroyables oubliettes, il existe cependant des chemins formés par le rapprochement des roseaux; ces chemins, les Indiens et les gens du pays les connaissent. A quels signes? C'est ce qu'ils auraient probablement grand'peine à expliquer eux-mêmes; mais le voyageur étranger n'a aucun moyen de se diriger sur ces étroites chaussées, et s'y engloutit presque infailliblement.

Outre ce danger, il en existe encore un autre. De place en place, au milieu de ces prairies, s'élèvent de petits massifs de ronces de quinze ou vingt pieds de circonférence. Si le voyageur, avant de s'y hasarder, regarde attentivement, il reculera effrayé; car, enroulés à ces ronces, il verra les anneaux multipliés de serpents inconnus aux prairies et qui n'habitent que ces îles de feuillages. Ces reptiles sont le mocanin d'eau, la vipère brune, le conge noir à tête rouge, trois serpents dont la blessure est mortelle et plus rapide peut-être dans ses effets que celle du serpent à sonnettes.

Mais encore le voyageur mordu par eux sera-t-il privilégié sur celui qui tombera exposé à la queue de l'alligator ou à la dent du carvana.

Ces deux monstres se tiennent, comme nous l'avons dit, dans ces lacs de vase. A peine un cheval a-t-il perdu pied, qu'il est perdu; un instant, il se démène, l'œil en feu, la crinière hérissée, les naseaux ardents, dans cette boue où il ne peut nager; puis, tout à coup, il frémit douloureusement : c'est qu'il se sent entraîné dans l'abîme par une force irrésistible. Alors, on le voit disparaître peu à peu, luttant contre un ennemi caché dont on aperçoit parfois seulement la queue recourbée et toute hérissée de rugosités et d'écailles qui luisent à travers la boue. C'est que le moyen d'attaque et de défense de l'alligator est dans son énorme queue, qui, courbée en demi-cercle, va rejoindre sa gueule. Malheur à qui, par imprudence ou par accident, se trouve à portée de cette terrible queue! Le hideux animal fouette de cette queue la proie, quelle qu'elle soit, qu'il veut dévorer, et la pousse vers ses mâchoires, qui, au moment où la queue agit, sont béantes de toute leur grandeur et tournées de côté, afin de recevoir l'objet que la queue leur envoie et que ces terribles et irrésistibles mâchoires broient en un clin d'œil.

Et cependant, c'est de l'alligator que les planteurs du Texas, du Nouveau-Mexique et des provinces environnantes tirent la graisse dont ils oignent les roues de leurs moulins.

C'est qu'au moment où se fait la chasse de l'alligator, c'est-à-dire vers le milieu de l'automne, ces animaux semblent venir se livrer d'eux-mêmes. Ils quittent leurs lacs de boue ou leurs rivières vaseuses pour prendre de plus chauds quartiers d'hiver. Alors ils creusent des trous sous les racines des arbres, et eux-mêmes se couvrent de terre. Dans ce moment, ils s'engourdissent de telle façon, qu'ils ne sont plus à craindre. Les nègres qui leur font la chasse leur séparent alors la queue du reste du corps d'un seul coup de hache, et encore à peine cette terrible section paraît-elle les réveiller. Cette première séparation accomplie, on les coupe en morceaux que l'on jette dans d'immenses chaudières ; alors, au fur et à mesure que l'eau bout, la graisse monte à la surface, et un nègre la recueille avec une grande cuiller. Ordinairement, un seul homme s'occupe du triple soin de tuer les alligators, de les faire bouillir et d'en recueillir la graisse.

On a vu des nègres tuer jusqu'à quinze alligators dans leur journée, sans qu'on ait jamais entendu dire qu'à cette époque de l'année ils eussent reçu la moindre égratignure.

Quant au carvana, c'est autre chose : il est plus destructeur, plus terrible que ne l'a jamais été l'alligator ; seulement, personne ne l'a jamais vu vivant, et il n'est bon à rien, lors même qu'on le verrait. Cependant, comme dans les desséchements des lagunes, comme après les détournements de rivière, on en a retrouvé de morts, on sait à quoi s'en tenir sur leur forme : c'est une gigantesque tortue ayant une carapace de dix ou douze pieds de long sur six de large, avec la tête et la queue d'un alligator. Caché dans la vase comme le formicaléo est caché dans le sable, il attend sa proie au centre d'une espèce d'entonnoir, où ses mâchoires ouvertes sont toujours prêtes à saisir la proie que le hasard lui envoie.

C'est à ces monstres effroyables que deux fois avait échappé Aluna en leur abandonnant son cheval, qui avait disparu broyé dans la gueule invisible où il avait entendu craquer les os.

Un jour, cependant, des officiers du génie américain qui relevaient les distances qui existent entre le Mexique et la Nouvelle-Orléans, ayant vu un de leurs compagnons devenir victime d'un carvana, résolurent, de concert avec un cultivateur américain chez lequel ils étaient logés, et où se trouvait aussi Aluna, de tirer, à quelque prix que ce fût, un de ces monstres de l'abîme où ils vivent plongés. En conséquence, ils firent pour cette étrange pêche les préparatifs suivants :

L'ancre d'une petite chaloupe fut attachée à une chaîne de trente à quarante pieds de long; un agneau de quinze jours fut attaché comme appât à cette ancre. L'ancre et l'agneau furent jetés dans la vase, tandis que l'autre extrémité de la chaîne fut enroulée au pied d'un arbre.

Un nègre fut placé pour garder cette étrange ligne de fond.

Le lendemain au soir, il accourut en disant que le carvana avait mordu, et que les secousses qu'il donnait à l'ancre, qu'il avait avalée selon toute probabilité, se communiquaient à la chaîne et ébranlaient l'arbre.

Il était trop tard pour rien tenter contre le carvana le même soir, et l'on fut obligé de remettre au lendemain matin de tirer le monstre de son vaseux repaire.

Le lendemain, au point du jour, chacun était au rendez-vous. On trouva la chaîne tellement tendue, que l'écorce de l'arbre où elle était enroulée se trouvait sciée par la violence de cette tension. Des cordes furent aussitôt amarrées à la chaîne, et à ces cordes on attela deux chevaux.

Les chevaux, aiguillonnés, fouettés, réunirent leurs efforts et essayèrent de tirer le carvana de l'abîme, mais ce fut inutilement : à peine avaient-ils fait un pas en avant, qu'ils étaient, par une force irrésistible, ramenés en arrière. Alors, voyant que les chevaux étaient insuffisants, le fermier envoya chercher les deux plus forts bœufs de sa ferme; ils furent attelés à côté des chevaux, et aiguillonnés à leur tour. Un instant, on eut l'espoir que les efforts auraient un résultat; un instant, à la surface de la vase agitée d'un tremblement sous-marin, on vit apparaître l'extrémité des mâchoires de l'animal; mais, tout à coup, l'ancre, arrachée violemment, bondit du marais sur le rivage. Une de ses pattes était cassée ; l'autre, tordue, faussée, retournée, portait des fragments de la chair et de l'os de la mâchoire du monstre. Mais le monstre lui-même était resté invisible, et l'on avait pu deviner, au tremblotement de la vase, qu'il s'était enfoncé aussi profondément que possible dans l'abîme mouvant et infini.

Voilà quelles étaient les horribles créatures auxquelles il avait été donné d'inspirer la terreur à notre compagnon Aluna, et encore le sentiment qu'il éprouvait en parlant de ces animaux presque fabuleux était-il plutôt un sentiment de dégoût que de terreur.

Un autre jour, c'était au pied des montagnes Rocheuses, entre le pied de ces montagnes et un lac auquel aucun voyageur n'a encore eu l'idée de donner un nom, Aluna, poursuivi par une troupe d'Indiens peluchés, ayant le chien de sa carabine cassé, sentant faillir sous lui son cheval, et comprenant qu'avec leurs chevaux frais, les Indiens finiraient par le rejoindre, résolut de profiter de la nuit, qui arrivait rapidement, pour leur échapper par un subterfuge auquel, s'il se trouvait jamais dans une situation extrême, il s'était promis d'avoir recours.

Le subterfuge était bien simple : il s'agissait de faire continuer la course à son cheval tout seul, et de rester en chemin ; dès lors, plus les Indiens se rapprocheraient du cheval, qui, débarrassé de son cavalier, redoublerait de vitesse, plus ils s'éloigneraient du cavalier.

En conséquence, il dirigea sa course vers un petit bois de pins, et, se débarrassant d'avance de ses étriers, au moment où il passait sous un de ces arbres, il saisit une forte branche à laquelle il resta suspendu ; le cheval continua son chemin. Aluna accrocha ses pieds à la même branche qu'étreignaient ses mains, et en un instant il fut au milieu de l'arbre.

Une douzaine de sauvages passa au grand galop. Aluna les vit et les entendit, mais aucun ne vit ou n'entendit Aluna.

Quand ils furent éloignés, quand le bruit du galop se fut éteint, Aluna descendit et chercha un endroit où passer la nuit. Au bout de quelques instants, il trouva une de ces crevasses si communes à la base des montagnes Rocheuses; elle communiquait à une grande caverne spacieuse mais sombre, puisqu'elle n'était éclairée que par le passage que venait de découvrir Aluna. Il s'y glissa comme un serpent, chercha et trouva une grosse pierre qu'il poussa contre l'ouverture, pour qu'un autre que lui, homme ou animal, n'eût pas l'idée de s'y introduire après lui, se roula dans son puncho, et, au bout d'un instant, écrasé qu'il était de fatigue, s'endormit.

Si bien que dormît Aluna, surtout dans son premier sommeil, force lui fut de se réveiller pour s'occuper de ce qui se passait à l'extrémité inférieure de sa personne.

Ce que les chats font quelquefois contre un balai en le pétrissant de leurs ongles, un ou plusieurs animaux à ongles très aigus le faisaient contre les jambes d'Aluna.

Aluna secoua la tête, s'assura qu'il ne rêvait point, étendit la main et sentit deux jeunes jaguars de la grosseur d'un gros chat, lesquels, attirés sans doute par l'odeur de la viande fraîche, jouaient avec les jambes d'Aluna et enfonçaient leurs griffes à l'endroit où l'ouverture du pantalon laissait la jambe nue.

Il comprit aussitôt qu'il était entré dans une caverne qui servait de repaire à un jaguar et à ses petits ; que la mère et le père étaient probablement en chasse et ne tarderaient pas à revenir ; que, par conséquent, ce qu'il y avait de mieux à faire pour lui était d'en sortir au plus vite.

En conséquence, il ramassa son fusil, roula son puncho et s'apprêta à tirer à lui la pierre, afin de sortir promptement du piége où il s'était pris lui-même et de gagner le large.

Mais, comme il mettait la main à la pierre, il entendit à cent pas à peine un rugissement qui lui annonçait qu'il était trop tard ; la jaguaresse revenait, et un autre rugissement qui retentit à vingt pas à peine lui apprit qu'elle revenait rapidement. En même temps, il sentit la secousse que l'animal donnait à la pierre pour rentrer dans la caverne.

Les petits, de leur côté, répondaient à ce rugissement de la mère par des espèces de miaulements pleins d'impatience et de menace.

Aluna avait son fusil ; mais, nous l'avons dit, le

chien de son fusil était cassé; l'arme était donc hors de service.

Cependant Aluna trouva moyen de l'utiliser.

Il s'appuya le dos à la pierre pour la maintenir où elle était, malgré les efforts de la jaguaresse, et, avec autant de promptitude qu'il lui fut possible, se mit à charger son fusil.

Si simple que fût cette opération dans les circonstances ordinaires, elle se compliquait, dans la situation présente, d'une terrible préoccupation.

A deux pieds de lui, derrière la pierre ébranlée à tout moment par ses secousses, rugissait la jaguaresse; il sentait son souffle puissant arriver jusqu'à lui, quand elle introduisait sa tête dans l'intervalle que laissait en certains endroits la pierre mal jointe à la muraille. Une fois même il sentit à son épaule l'atteinte de la griffe de la jaguaresse.

Mais rien ne détournait Aluna de l'opération importante qu'il accomplissait.

Son fusil chargé, Aluna battit le briquet afin d'allumer un morceau d'amadou. A chaque étincelle qui jaillissait de la pierre, il entrevoyait l'intérieur de la caverne, toute jonchée des ossements des animaux dévorés par les deux jaguars; puis, au milieu de ces ossements, les deux petits, qui le regardaient et qui tressaillaient à chaque étincelle.

Pendant ce temps, la mère continuait de faire rage contre la pierre qui bouchait l'entrée.

Mais Aluna avait chargé son fusil, Aluna avait allumé son amadou : c'était à son tour de se faire agresseur.

Il se retourna en maintenant toujours de son mieux la pierre avec le poids de son corps ; puis, à son tour, il glissa le canon de sa carabine par l'intervalle où la jaguaresse avait glissé sa tête et sa patte.

En voyant cet objet inconnu qui s'approchait d'elle et la menaçait, la jaguaresse le saisit avec ses dents, essayant de le broyer comme elle eût fait d'un os.

C'était l'imprudence sur laquelle avait compté Aluna. Il approcha de l'amorce son morceau d'amadou allumé, le coup partit, et la jaguaresse avala la charge, plomb, poudre et feu.

Un rugissement étouffé suivi d'un râle d'agonie indiqua à Aluna qu'il était débarrassé de son ennemi. Il respira.

Mais la trêve fut courte. Comme il se relevait sur son genou, un rugissement nouveau, plus terrible que les autres, se fit entendre : c'était le jaguar qui accourait aux cris de sa femelle.

Heureusement, il arrivait trop tard pour combiner ses efforts avec les siens ; mais il arrivait à temps pour donner une nouvelle besogne à Aluna.

Au reste, Aluna avait si bien réussi la première fois, qu'il n'avait nullement l'intention d'adopter un autre plan de campagne. Il se prépara donc à traiter le jaguar exactement comme il avait traité la jaguaresse.

En conséquence, il appuya de nouveau son dos à la pierre et commença de recharger sa carabine.

Le jaguar s'était arrêté un instant près de sa femelle morte ; il avait rugi lamentablement ; puis, après cette espèce d'oraison funèbre, il s'était rué contre la pierre.

Ce à quoi Aluna avait, de son côté, répondu par un grognement qui se pouvait interpréter par ces paroles : « Va, mon ami, va, tout à l'heure nous allons causer de nos petites affaires. »

En effet, la carabine chargée, Aluna s'apprêtait à battre le briquet, quand il s'aperçut que, dans les mouvements un peu précipités qu'il venait de faire, il avait perdu son amadou.

La situation était grave : sans amadou, point de feu ; sans feu, pas de moyen de défense. La carabine, réduite à sa plus simple expression, était un tube de fer creux qui pouvait, à la rigueur, servir de massue, et voilà tout.

Aluna allongea inutilement les mains à droite et à gauche; il ne sentit rien. Il ramassa vainement avec ses pieds tout ce qui était à leur portée ; il ne ramassa que des pierres et des ossements.

Pendant ce temps, la pierre éprouvait des secousses terribles ; le jaguar soufflait bruyamment dans les intervalles; sa patte s'allongeait et caressait de temps en temps l'épaule du chasseur, sur le front duquel la sueur commençait à perler.

Était-ce d'impatience? était-ce de crainte? Aluna, qui était très franc, avouait que c'était de l'un et de l'autre.

Enfin Aluna reconnut que toute recherche était inutile, et que, s'il devait retrouver son amadou, ce ne serait qu'au jour.

Il avisa alors un autre moyen. Nous avons dit que la carabine ne lui pouvait plus servir que de massue; nous nous trompions, elle pouvait encore lui servir de lance.

Il ne s'agissait pour cela que d'assujettir d'une façon solide le couteau mexicain d'Aluna à l'extrémité de sa carabine.

C'était chose facile : le chasseur des prairies porte toujours sur lui la courroie à l'aide de laquelle, s'il a besoin de passer la nuit sur un arbre, il s'attache, soit à une branche, soit au tronc de cet arbre. Aluna lia vigoureusement son couteau à l'extrémité du canon de sa carabine, et l'arme fut faite.

Alors il se retourna et appuya son épaule à la pierre, afin que, dans le mouvement qu'il opérait, le rempart qui faisait sa sûreté ne se dérangeât point.

Aux secousses imprimées à la pierre, Aluna jugeait qu'il avait affaire à un ennemi de première force.

Enfin il prit sa belle, et, au moment où le jaguar se précipitait contre l'obstacle qu'il tentait de briser de son côté, Aluna poussa sa carabine comme un soldat qui charge à la baïonnette. Le jaguar poussa un rugissement. Quelque chose craqua; la carabine, arrachée de la main de son maître, roula à deux pas de lui, et l'animal s'éloigna en hurlant.

Aluna ramassa sa carabine, l'examina. Le couteau était brisé aux deux tiers de la lame, ne laissant qu'un tronçon d'un pouce et demi au manche; le reste était dans la plaie qu'il avait faite.

De là venait le hurlement, de là venait la fuite du jaguar.

Cette fuite, Aluna en avait grand besoin; elle lui donnait un moment de trêve, car il commençait à être au bout de ses forces.

Il en profita d'abord pour se débarrasser des deux petits jaguars, qui l'avaient tracassé de leurs égratignures tandis qu'il avait affaire au père et à la mère. Il les prit l'un après l'autre par les pattes de derrière et leur brisa la tête contre les parois de la caverne. Puis, comme il avait grand soif et pas d'eau, il but le sang d'un des deux petits.

Ce qui effrayait surtout Aluna, c'était le besoin de sommeil qu'il commençait à ressentir : il savait très bien qu'au bout d'un certain temps, ce besoin devient si absolu, qu'il faut y céder. Or, pendant son sommeil, le jaguar, éloigné momentanément, pouvait revenir, repousser la pierre ou se frayer une ouverture à côté, et, dans l'un ou l'autre cas, tomber à l'improviste sur le dormeur et le dévorer.

Quant à sortir, il n'y fallait pas songer : l'animal pouvait être embusqué dans les environs et sauter à l'improviste sur le fugitif.

Il résolut de dormir dans la situation où il était, c'est-à-dire le dos appuyé à la pierre qui fermait l'entrée de la caverne; de cette façon, au moindre mouvement imprimé à la pierre, il serait réveillé.

La pierre ne remua pas, et Aluna dormit parfaitement tranquille jusqu'à deux heures du matin à peu près.

À deux heures du matin, il rouvrit les yeux, réveillé par un bruit qu'il entendait sur un autre point de la caverne, où il avait cru déjà remarquer une gerçure. Effectivement, un actif grattement se faisait entendre, et de petites pierres tombant comme une pluie de grêle indiquaient que sur ce point s'opérait un travail extérieur. Malheureusement, la chose se passait cette fois à la voûte, élevée d'une dizaine de pieds, et Aluna ne pouvait y mettre aucune opposition.

Il jeta les yeux sur sa carabine. Inutile comme arme à feu, inutile comme lance, elle pouvait encore lui servir comme massue.

Seulement, il fallait en ce cas se servir du canon

seul pour ne pas briser inutilement la crosse et mettre ainsi l'arme hors de tout service.

Il détacha vivement le couteau de l'extrémité du canon, et, avec ce qui restait de la lame, il dévissa le bois et les platines, restant armé du lourd canon seulement.

Puis, l'œil fixe, le cœur battant, les bras levés, il attendit.

Au reste, il était évident qu'il n'avait pas longtemps à attendre. Les pierres tombaient plus nombreuses et plus grosses. On entendait le souffle de l'animal à travers les interstices du plafond. Bientôt on aperçut le jour, ou plutôt la nuit ; la nuit, éclairée par la lune qui dardait verticalement ses rayons au-dessus du trou que perçait le jaguar.

De temps en temps, ce trou, à travers lequel Aluna apercevait le ciel tout resplendissant d'étoiles, se trouvait hermétiquement bouché ; l'animal, pour voir s'il devenait praticable, y fourrait sa tête. Alors le rayon de lumière se trouvait intercepté, et au lieu et place de ce rayon de lumière, au lieu et place de ces étoiles scintillantes, brillaient, comme deux escarboucles, les deux yeux enflammés du jaguar.

Peu à peu le trou s'agrandit. Après y avoir passé la tête, l'animal y introduisit les épaules ; puis enfin la tête, les épaules et le corps passèrent, et l'animal, s'élançant de l'extérieur, tomba silencieusement sur ses quatre pattes en face d'Aluna.

Heureusement, la lame du couteau qui lui était restée dans l'épaule l'empêcha de rebondir immédiatement à la gorge d'Aluna. Il eut un moment d'hésitation ou de douleur ; ce moment suffit à son adversaire.

Le canon de la carabine s'abattit sur la tête du jaguar, qui roula étourdi.

Aussitôt Aluna s'élança sur lui, et avec le tronçon du couteau lui coupa la veine du cou. La vie et la force s'écoulèrent par cette ouverture.

Il était temps. Aluna tomba lui-même écrasé de fatigue. Il traîna l'animal dans un endroit écarté de la caverne où il s'était aperçu que le sol était formé de sable doux, et, se faisant un oreiller de son flanc palpitant encore, il s'endormit pour ne s'éveiller que bien longtemps après le jour.

XV

LE SACRAMENTO

Cette vie, au reste, qui a tant d'attrait, par son indépendance, pour les hommes du pays, qui y consacrent parfois toute leur existence, avait aussi pour nous des charmes inexprimables. Il est vrai que c'était une terrible fatigue que d'aller deux fois par semaine à San-Francisco pour y vendre le produit de notre chasse. Mais nous n'y songions pas, ou plutôt nous l'acceptions, étant, — dans le commencement surtout, — largement récompensés de cette fatigue par le résultat.

Ce résultat était trois cents et quelquefois quatre cents piastres par semaine.

Le premier mois, nous eûmes, tous frais faits, quatre cents piastres de bénéfice; mais, pendant les deux derniers, et surtout pendant la dernière semaine, où nous ne fîmes que cent cinquante piastres, la baisse nous prouva que la spéculation était arrivée à son terme.

Nos chasses, d'un côté, commençaient à dépeupler le canton, et, de l'autre, les animaux chassés s'éloignaient, allant chercher, vers le lac Laguna et du côté des Indiens Kinglas, des cantons où ils fussent moins tourmentés.

Nous résolûmes donc d'essayer une chose, c'était de nous enfoncer un peu plus loin nous-mêmes, vers le nord-est, et de porter le produit de notre chasse à Sacramento-City.

Une fois arrivés là, nous nous informerions si les placers du Sacramento valaient mieux que ceux du San-Joaquin, et si la rivière Young, la rivière Yaba ou la rivière de la Plume, étaient préférables au camp de Sonora, au Passo del Pino et au Murphys.

Donc, lorsque nous vîmes le canton dépeuplé, nous mîmes ce projet à exécution, et, abandonnant notre barque à Sonoma, nous nous avançâmes vers la fourche américaine. Nous franchîmes la chaîne des monts Californiens, en marchant de l'ouest à l'est ; et, après un jour et demi de chasse, notre pauvre cheval pliant sous le gibier, nous nous trouvâmes sur les bords du Sacramento. Nous longeâmes le bord du fleuve pendant deux ou trois heures ; un bateau de pêcheurs de saumon vint nous prendre, et, moyennant quatre piastres, nous passa sur l'autre rive, nous et notre gibier. Quant à notre cheval, quoique le fleuve eût à cet endroit près d'un quart de mille, il passa à la nage.

Nous nous informâmes aux pêcheurs de l'état des mines. Ils ne pouvaient pas nous donner de renseignements bien positifs; mais ils avaient entendu dire que les Américains ruinaient tout par leurs brigandages. Cela ne nous étonna point, Tillier et moi, qui avions vu un échantillon de leur savoir-faire sur le San-Joaquin. Quant à Aluna, il se contenta de hausser les épaules et d'allonger les lèvres ; ce qui voulait dire : « Ah ! par ma foi, j'en ai bien vu d'autres ! » Aluna détestait les Américains, et les croyait capables de toutes sortes de crimes. Il avait toujours à raconter sur eux une série d'histoires de coups de couteau et de coups de pistolet innocentés par les jurés avec une impudence toute bridoisonnienne (1).

---

(1) Au reste, les dernières nouvelles reçues de San-Francisco donneraient assez raison à Aluna. Ne lisons-nous pas dans les journaux :

« La justice ordinaire ne semble pas assez expéditive aux nouveaux colons. Ils suppléent quelquefois à ses lenteurs en constituant d'office des tribunaux en plein vent pour juger les cas de flagrant délit.

Nous poussâmes jusqu'à Sacramento-City et même jusqu'au fort Sutter pour nous assurer de la réalité de ces bruits. On nous y confirma ce que nous avaient dit les pêcheurs de saumon : les mines étaient en pleine révolution.

Nous craignîmes de perdre le peu que nous avions amassé avec tant de peine, et nous revînmes sur nos pas en descendant le Sacramento sur une barque que nous louâmes moyennant quarante piastres.

En arrivant à Sacramento-City, nous avions vendu notre gibier quatre-vingts dollars ; car, du côté de la fourche américaine, on compte par dollars, tan-

---

« La foule choisit parmi les assistants un jury dont les décisions sont sans appel ; s'il prononce à l'unanimité la condamnation du prévenu, l'arrêt est exécuté à l'instant même. La pendaison est la peine la plus communément édictée par cet étrange et redoutable tribunal. Sept condamnations de ce genre ont été prononcées contre des voleurs de bestiaux et exécutées dans l'espace de quinze jours sans que l'autorité ait cru pouvoir intervenir pour réprimer les excès de zèle de cette justice populaire.

« Lorsque des circonstances atténuantes sont admises, la pendaison est remplacée par la flagellation, et la sentence ne manque pas d'exécuteurs de bonne volonté. On voit que la barbarie a passé par là. »

dis que sur le San-Joaquin on compte par piastres. Nous n'avions donc pas entamé notre capital.

La barque que nous avions louée appartenait à des pêcheurs de saumon. Ils étaient obligés de nous mettre à terre quand nous voulions, pourvu toutefois que nous ne missions pas plus de quatre jours à descendre de Sacramento-City à Benicia, au delà de la baie Suiron.

Aluna suivait sur la rive gauche avec son cheval.

La vallée du Sacramento est une des plus magnifiques qui se puissent imaginer, bornée comme elle est, à l'est, par la sierra Nevada ; à l'ouest, par les monts Californiens ; au nord, par le mont Sharte.

Elle s'étend du nord au sud dans un espace de deux cents milles.

A l'époque de la fonte des neiges, le Sacramento déborde et monte jusqu'à la hauteur de huit à neuf pieds. C'est ce qu'il est facile de constater par les traces de limon restées aux troncs des arbres. C'est ce limon qui, pareil à celui du Nil, restant sur les rives du Sacramento, donne une nouvelle vigueur à la végétation. Les arbres qui bordent son cours sont surtout les chênes, les saules, les lauriers et les pins.

Du milieu du fleuve, on aperçoit sur les deux rives des troupeaux de bœufs, des cerfs, et même des chevaux sauvages.

Dans certains endroits, le Sacramento a un demi-mille de large; sa profondeur ordinaire est de trois à quatre mètres; ce qui fait qu'on peut remonter avec des bâtiments de deux cents tonneaux.

Le Sacramento contient une innombrable quantité de saumons qu'il disperse libéralement dans tous ses affluents. Les saumons quittent la mer au printemps et remontent le fleuve par troupes pendant cinquante milles, en suivant le cours principal, et ne trouvent aucun obstacle; mais, au delà, soit qu'ils suivent toujours le Sacramento, soit qu'ils s'aventurent dans ses affluents, ils rencontrent des estacades faites par les Indiens, ou des barrages faits par les cultivateurs pour quelque besoin de culture, ou même par les chercheurs d'or, pour quelque caprice d'exploitation.

Alors on voit ces poissons faire des efforts inouïs pour franchir ces estacades ou ces barrages. S'ils rencontrent quelque tronc d'arbre ou quelque rocher qui leur puisse servir d'appui, ils s'en approchent, l'abordent, se couchent dessus, se courbent arc, puis se redressent avec violence, bondissent quelquefois à douze ou quinze pieds de haut et à autant de distance.

Or leur bond est toujours calculé de manière à ce qu'ils aillent retomber dans le cours d'eau supérieur qu'ils veulent atteindre.

En arrivant à la jonction du Sacramento avec le San-Joaquin, on rencontre une douzaine d'îles basses et boisées, remplies de lagunes impraticables et couvertes de *tula*, végétation que l'on rencontre dans toutes les parties basses et humides du pays. Les amateurs d'oiseaux d'eau peuvent en faire là une collection ; ces lagunes sont couvertes de canards, de cormorans, de cigognes, de martins-pêcheurs et de pies de mille espèces et de mille couleurs.

En quatre jours nous étions à Benicia. Nous réglâmes nos comptes avec nos pêcheurs, et nous gagnâmes, en chassant à travers la prairie, le ranch du Sonoma, où nous attendait notre barque.

La même nuit, nous rentrâmes à San-Francisco après six semaines d'absence.

XVI

LA CHASSE A L'OURS

Nous retrouvâmes Gauthier et Mirandole encore assez malades, commercialement parlant, du dernier feu. Ils avaient perdu presque autant dans leur simple déménagement que les autres dans l'incendie.

Le lendemain de notre arrivée, nous rencontrâmes un de nos amis, nommé Adolphe, qui demeurait dans un ranch, entre la baie de San-Francisco et les monts Californiens. Il nous invita à venir passer un jour ou deux chez lui, nous promettant de nous faire assister à une belle chasse à l'ours, qui devait avoir lieu le lendemain ou le surlendemain.

Nous acceptâmes et nous nous rendîmes chez lui. Pendant ces deux jours, nous aurions le temps de nous consulter, Tillier et moi, sur le nouvel état que nous comptions adopter.

La chasse promise fut fixée au lendemain du jour où nous étions arrivés.

L'ours dont il s'agissait était un ours gris, l'*ursus terribilis*. Depuis plusieurs jours, il descendait des montagnes de sapins, et ne se contentait plus de manger les petits roseaux qui accompagnent le cours des ruisseaux et dont ces animaux sont très friands : il emportait des pièces de bétail, au grand détriment des habitants des ranchs. Aussi les habitants des ranchs s'étaient-ils réunis contre l'ennemi commun, et, comme ils étaient tous Mexicains, il avait été décidé qu'on prendrait l'animal au lasso.

Aluna, dont l'adresse à cette chasse était bien connue, avait été mis à la tête de l'expédition.

Une trentaine d'hommes s'embusquèrent, hommes et chevaux, se tenant prêts à se porter secours les uns aux autres.

Au point du jour, l'ours descendit ; les chasseurs avaient le vent contre eux, et un ours de moindre taille ou de plus doux caractère ne se fût pas laissé prendre à cette apparence inoffensive de la peur. Celui dont il est question s'arrêta, se dressa sur ses pattes de derrière, prit le vent, et reconnut si bien qu'il y avait là quelque péril caché, qu'il alla droit au premier groupe d'arbres où se tenait caché le premier chasseur.

Ce premier chasseur était notre ami Aluna, qui accepta bravement le combat, qui sortit de son groupe d'arbres, et qui marcha droit à lui.

Arrivé à trente pas de l'ours, il lui envoya le lasso, qui s'enroula autour de son cou et d'une de ses pattes; puis, nouant l'extrémité du lasso au pommeau de sa selle, il cria à ses compagnons :

— A vous, maintenant! nous le tenons!

L'ours était resté un instant étourdi de cette brusque attaque à laquelle il ne paraissait trop rien comprendre.

Il avait reçu un coup sans éprouver de douleur, et paraissait regarder avec étonnement, mais sans inquiétude, ce premier fil dont il était enveloppé.

Trois ou quatre lassos furent lancés presque en même temps dans des directions différentes. Tous atteignirent l'animal et l'enveloppèrent plus ou moins étroitement.

Alors l'ours voulut se lancer sur les chasseurs; mais tous, mettant leurs chevaux au galop, commencèrent à fuir devant lui, qui, tout empêtré de ses liens, éprouvait quelque difficulté à les poursuivre, tandis que les autres chasseurs, sortant à leur tour de leur cachette, l'enveloppaient d'un nouveau réseau.

En un instant l'ours eut trente lassos autour de lui et sembla pris dans un filet.

Il comprit qu'il n'y avait pas à lutter contre cette déloyale attaque, et, commençant sans doute à regretter d'avoir quitté sa montagne, il voulut y retourner.

Mais, pour cela, il lui fallait la permission des chasseurs.

Un instant, il essaya de s'en passer; un instant, on put croire qu'il en viendrait à bout.

Un instant, les trente cavaliers et les trente chevaux furent entraînés pendant cinquante pas, et obligés de suivre l'impulsion qu'il leur donnait.

Mais tous réagirent en même temps, et, avec des cris d'encouragement mêlés de coups d'éperon, ils parvinrent à reprendre le dessus.

C'était quelque chose d'effrayant à voir que la force résistante de cette masse, qui, entraînée un instant, saisissait l'appui du premier obstacle, et, seul contre tous, entraînait à son tour.

Ses yeux semblaient deux sources d'où coulait le sang, sa gueule semblait, comme celle de la Chimère, jeter des flammes ; ses rugissements retentissaient à une lieue à la ronde.

Enfin, après, non pas une chasse, mais un combat d'une heure, l'animal céda ; il se laissa traîner jusqu'au ranch de don Castre, où, tout étourdi, il fut tué à coups de fusil.

Il pesait onze cents, le double d'un bœuf ordinaire. Il fut partagé entre tous les chasseurs.

Une portion de la viande fut vendue au marché de San-Francisco à raison d'une piastre la livre ; elle avait été achetée trois francs par les bouchers.

Cette chasse, qui rappelait à Aluna les beaux jours de sa jeunesse, lui donna l'idée de nous proposer d'aller chasser l'ours dans la Mariposa et de ne rentrer à San-Francisco que vers la mi-septembre.

Nous acceptâmes la proposition, et, dès le même soir, revenant à la ville, nous nous mîmes en mesure de l'exécuter le plus tôt possible.

XVII

LA MARIPOSA

C'étaient de nouvelles dispositions à prendre. Ce n'était plus une barque qu'il nous fallait, c'était une voiture et un second cheval. Nous vendîmes notre barque, et, pour le même prix à peu près, nous eûmes l'une et l'autre.

Nous avons déjà parlé des présidios et des ranchos, que nous avons appelés, nous, des présides et des ranchs. Les présidios, nous l'avons dit, je crois, sont de petits forts où l'on met quelques soldats. Les ranchos sont des espèces de fermes; ils prennent le nom de rancheria lorsque quelques chaumières se joignent à elles de manière à en faire un hameau.

Il nous reste à expliquer ce que c'est que les missions et les puéblos.

Les missions étaient de grands établissements dans lesquels on recevait les sujets indiens qui désiraient s'instruire dans la foi chrétienne, et qui, une foi instruits dans la foi, devaient se livrer à un travail quelconque.

Qui a vu une mission les a vues toutes ; c'est, en général, un grand bâtiment carré, qui contient un plus ou moins grand nombre de cellules percées d'une fenêtre et d'une porte. A l'angle du bâtiment s'élève d'habitude l'église et son clocher, et des arbres et une fontaine d'eau vive entretiennent la fraîcheur dans la cour.

Toutes ces missions sont, en général, des missions de capucins. Chacune d'elles est dirigée par deux religieux : l'un instruit les néophytes à la science morale, l'autre les exerce aux travaux matériels.

Il y a dans l'intérieur de l'établissement des forges, des moulins, des tanneries, des savonneries, des menuiseries, des charpenteries. Tout cela est distribué de manière à laisser dans l'aile principale un logement aux moines et des chambres pour les étrangers, et, dans les autres parties du bâtiment, des écoles, des magasins de vivres et des infirmeries.

Tout autour de l'établissement s'étendent les jardins; au delà des jardins, les huttes des indigènes, huttes d'ordinaire bâties en paille et en jonc.

Les Indiens néophytes étaient nourris à la mission. Quoique les capucins ne passent pas pour des cuisiniers bien remarquables, comme il n'y avait pas moyen de faire la quête dans le désert, ils préparaient eux-mêmes leur nourriture et celle des Indiens. Cette nourriture se composait de galettes de maïs, de bœuf ou de mouton bouilli et de fruits de toute espèce.

On ne buvait pas de vin; celui qui se fabriquait dans l'intérieur de la mission où que l'on faisait venir des villes était réservé pour les malades ou destiné aux étrangers.

C'était volontairement que l'on instruisait les néophytes et les ouvriers. Tout, dans ces établissements, était dû à la persuasion, rien à la force.

Quant aux puéblos, ce sont de véritables villages, composés, dans l'origine, par les soldats qui avaient fini leur temps aux présidios, et à qui on accordait, en échange de leur service, une certaine quantité de terrain, qu'ils étaient libres de prendre où ils voulaient, pourvu que le terrain sur lequel ils jetaient les yeux fût libre.

Ce terrain, chacun l'exploitait à sa façon.

Toute la Californie ne comptait que quatre puéblos : Nostra-Senora de los Angeles, Santa-Barbara, Franciforte et San-José (1).

Le jour de notre départ, nous allâmes coucher au puéblo de San-José, situé au centre d'une magnifique vallée sur le Guadalupe, petite rivière qui descend des monts Californiens et qui va se jeter au fond de la baie de San-Francisco. Il est à quatre lieues de distance de la mission de Santa-Clara, qui se relie à lui par une belle chaussée tout ombragée de chênes verts.

Ces chênes ont autrefois été plantés par les religieux, dans l'intention que, devenus grands, ils protégeassent de leur ombre les fidèles qui, du puéblo San-José, allaient entendre la messe à Santa-Clara.

C'est en 1777 ou 1778 que le puéblo San-José

(1) Ferry.

fut bâti. Six cents habitants à peu près le peuplaient en 1848, c'est-à-dire avant la découverte de l'or; ils occupaient cent ou cent cinquante maisons de briques, éparpillées autour de deux places plantées d'arbres magnifiques.

Aujourd'hui, ou plutôt à l'époque où nous allâmes coucher au puéblo, il se composait d'un millier de maisons à deux ou trois étages, et la population, qui avait monté jusqu'à cinq mille âmes, s'augmentait encore tous les jours.

Il en résulte qu'au lieu d'y donner, comme autrefois, le terrain pour rien, on commence, au contraire, à le vendre fort cher.

Au mois d'octobre 1849, il avait été question de faire du puéblo San-José la capitale de la Californie, et cette proposition, faite par la convention californienne, n'avait pas peu contribué à augmenter le nombre des habitants et à élever le prix des terrains.

En attendant, on venait d'achever, lors de notre arrivée, ou l'on achevait sur la grande place, un palais législatif.

Il en résulte que le puéblo San-José, communiquant avec la baie de Santa-Clara par le rio Guadalupe, et étant situé entre San-Francisco et Monterey, est la seconde ville du royaume.

Le puéblo San-José a sa mission, fondée en 97, et située à quinze milles au nord, au pied d'une petite chaîne de montagnes appelée los Bolbones, et qui ne sont rien autre chose qu'un chaînon détaché des grands monts Californiens.

Pendant les quelques heures que nous stationnâmes au puéblo San-José, nous prîmes des informations, et nous vîmes avec plaisir que nous pourrions y vendre notre gibier presque aussi avantageusement qu'à San-Francisco.

Dès le lendemain, nous partîmes et remontâmes directement vers les monts Californiens.

Nous n'eûmes pas besoin de nous avancer au delà d'une journée pour que Aluna remarquât la présence des ours à deux signes certains :

D'abord, à la trace qu'ils laissaient sur les terrains sablonneux; ensuite, à la façon dont étaient fauchés les roseaux, dont ils sont très-friands, et qui poussent au bord des petites rivières.

Nous dressâmes la maison et attendîmes la nuit.

Nous avions un apprentissage à faire de cette nouvelle chasse. Aluna nous y initia pendant la nuit.

Nous nous mîmes à l'affût tous trois l'un près de l'autre, Aluna avec son lasso et sa carabine ; nous, avec nos fusils à deux coups et leurs baïonnettes.

Aluna avait eu soin de s'appuyer à un jeune chêne de la grosseur de la cuisse.

Ainsi postés, nous attendîmes.

Deux heures après, un ours descendit de la montagne et passa à vingt pas de nous : c'était un ours noir de petite taille et pouvant peser deux cent cinquante à trois cents livres

Aluna lui jeta le lasso, qui l'enveloppa trois ou quatre fois ; puis immédiatement il arrêta l'extrémité opposée à l'arbre, prit sa carabine, courut à l'ours, et, tandis que l'animal se débattait dans cet étrange piége, il le tua d'une balle dans l'oreille.

Ceci était une façon toute particulière de chasser l'ours applicable à Aluna, mais qui, par notre ignorance de jeter le lasso, ne pouvait être à notre usage. Aluna, après nous avoir montré comment il s'y prenait, nous montra donc comment nous devions nous y prendre.

Pour nous, la chose était encore plus simple.

Notre ours mort, éventré, vidé, mis à l'abri des chacals par sa suspension à une branche, nous allâmes à pas de loup, et en ayant soin de conserver l'avantage du vent, chercher un autre poste.

Le poste ne fut pas difficile à trouver.

Aluna nous arrêta dans un endroit qui lui parut favorable, remit entre mes mains son lasso et sa carabine et prit mon fusil à deux coups.

Aluna se faisait moi pour me montrer comment je devais m'y prendre.

Au bout d'une heure d'attente, un ours descendit.

Celui-ci s'arrêta pour boire à trente pas de nous à peu près. Aluna l'ajusta en nous disant :

— A la façon dont cet imbécile se présente, je pourrais le tuer d'un seul coup; mais je vais le blesser seulement, comme vous feriez, vous, pour vous montrer ce que vous avez à faire.

En effet, au même moment, le coup partit. L'ours, atteint à l'épaule, poussa un rugissement, regardant d'où lui venait cette douleur. Aussitôt Aluna se montra et marcha sur lui.

L'ours, de son côté, en apercevant son adversaire, au lieu de fuir, fit quelques pas à sa rencontre; puis, arrivé à cinq ou six pas d'Aluna, se dressa sur ses pattes de derrière, s'apprêtant à l'étouffer.

Aluna saisit le moment, l'ajusta à la poitrine et fit feu presque à bout portant.

L'ours roula comme une masse.

— Voilà ce que c'est, nous dit Aluna. Si, par malheur, vous le manquez du second coup ou que votre fusil rate, il vous reste la baïonnette. A la première occasion, je vous montrerai à vous en servir; mais, pour cette nuit, en voilà assez. D'ailleurs, les ours doivent savoir maintenant ce que c'est que les coups de fusil; ils en ont entendu trois : ils ne viendront plus.

Le lendemain, nos deux ours étaient transportés au puéblo San-José et s'y vendaient cent piastres la pièce.

La nuit suivante, nous faisions notre première expérience.

Le hasard me servit : l'ours descendit à quinze pas de nous à peine. Nous nous tenions, Tillier et moi, prêts à nous secourir l'un l'autre. L'ours s'arrêta et, trouvant une touffe de roseaux qui lui parut agréable, se dressa sur ses pattes de derrière, embrassa de ses pattes de devant la touffe de roseaux comme un moissonneur fait d'une gerbe de blé; puis se mit à la manger, en inclinant la tête, pour en faucher d'abord les pousses les plus tendres. Ainsi placé, il nous présentait la poitrine à découvert. Je fis feu.

La balle pénétra au-dessous de l'épaule. L'ours chancela, roula dans le ruisseau, essaya de se relever, mais inutilement : il ne put jamais atteindre ni l'un ni l'autre des deux escarpements qui faisaient le bord.

Au bout de cinq minutes, il entra en agonie et mourut poussant des rugissements qui, si la tradition eût été vraie, eussent dû faire accourir tous les ours des monts Californiens.

Dès lors, notre apprentissage était fait, et nous n'y songeâmes plus.

Pendant la journée, et, quand nous n'étions pas trop fatigués, nous nous livrions à des chasses ordinaires. Dans ces chasses-là, nous rencontrions du chevreuil, des lièvres, des perdrix. Les cerfs étaient beaucoup plus rares que du côté de Sonoma ; nous n'en tuâmes qu'un seul, et encore, à mon grand étonnement, je m'aperçus qu'il était coupé.

J'appelai Aluna pour lui faire part de ce phénomène ; mais il me dit qu'il arrivait souvent que les hommes des ranchos prenaient de petits cerfs et leur faisaient cette opération, puis les lâchaient dans la campagne.

Alors l'opération portait ses fruits; le cerf engraissait et donnait au chasseur qui avait la chance de le rencontrer plus tard une chair qui lui offrait la même différence relative qu'il y a entre la chair du bœuf et celle du taureau.

Dans la même chasse où je tuai le cerf, je tuai un magnifique serpent blanc et azur; il était roulé dans une touffe de lupins, et, la gueule ouverte au milieu des charmantes fleurs bleues qui couronnent cet arbuste, il semblait attirer à lui un écureuil gris, qui, comme fasciné par la fixité de son regard, descendait, en criant, de branche en branche. J'envoyai une balle dans la tête de l'énorme reptile, qui se tordit en sifflant. Le charme fut rompu : l'écureuil bondit en un instant des branches du milieu aux branches supérieures, et, de l'arbre où il était, sur un arbre voisin.

Quant au serpent, ignorant s'il était venimeux ou non, j'eus le soin de me tenir à distance de lui; mais il avait trop à faire pour s'occuper de moi.

La balle lui avait enlevé toute la partie supérieure de la tête, un peu derrière les yeux.

Aluna le reconnut pour être de la race des boas, c'est-à-dire sans venin.

Il avait trois mètres passés de long.

La destruction de ce reptile et une rencontre avec les Indiens Tatchés qui voulaient nous enlever notre voiture et nos deux chevaux, fut tout ce qui nous arriva de remarquable dans la période d'un mois que nous restâmes dans les monts Californiens.

Aluna étrangla un Indien avec son lasso; nous en blessâmes un autre d'un coup de fusil.

Eux, de leur côté, nous tuèrent un de nos chevaux d'un coup de flèche.

Heureusement, c'était celui que nous venions d'acheter, et non le cheval d'Aluna.

Ces flèches sont de roseau, empennées, d'un mètre à peu près de longueur; à six pouces de leur extrémité, un roseau plus petit s'emboîte dans la partie supérieure; il en résulte que, lorsqu'on veut retirer la flèche du corps de l'homme ou de l'animal, la partie mobile reste dans la plaie et la partie supérieure vient seule.

Il est bien rare que la présence de ce corps étranger dans la blessure, dont il est presque impossible de l'extraire, ne donne pas la mort.

La pointe des flèches est armée d'un morceau de verre aigu et tranchant.

J'ai rapporté cinq ou six de ces flèches que nous retrouvâmes sur le champ de bataille.

Elles avaient été tirées contre nous, mais aucune ne nous avait touchés.

Au reste, au bout d'un mois, il arriva de ce côté de San-Francisco ce qui était arrivé de l'autre : c'est que nous avions dépeuplé le pays ou que le gibier avait remonté ou plutôt était descendu vers la vallée des Tulares, c'est-à-dire à une trop grande distance de San-Francisco ou même du puéblo San-José, pour y arriver frais.

C'était encore une industrie à sec ; force nous fut donc de revenir à San-Francisco.

D'ailleurs, j'en étais à peu près arrivé à ce que je voulais.

XVIII

JE ME FAIS GARÇON DE RESTAURANT
POUR FAIRE MON APPRENTISSAGE
DE MARCHAND DE VINS

Ce que je voulais, c'était de prendre un petit établissement à San-Francisco.

L'état de chercheur d'or serait admirable, si l'on pouvait l'exploiter en société; mais notre caracractère aventureux et plein de caprices se prête difficilement à l'association. On part vingt ou trente; on jure de ne pas se quitter; on fait les plus beaux projets du monde; puis, arrivé aux placers, chacun émet un avis, s'y entête, tire de son côté, et la société est dissoute, souvent même sans avoir eu un commencement d'exécution.

De là vient que, comme dans toutes les entreprises humaines, sur cinquante mineurs qui vont aux placers, cinq ou six, d'un caractère persévérant, font fortune; les autres, plus inconstants, se dégoûtent et changent de canton ou reviennent à San-Francisco.

Puis il faut faire la part de la mort, qui prend sa dîme.

Lorsqu'on part pour les mines, — et j'ai d'autant plus le droit de donner ce conseil à ceux qui me succéderont, que je n'ai rien fait pour mon compte de ce que je dis qu'il faut faire, — lorsqu'on part pour les mines, dis-je, il faut :

1° Se pourvoir de vivres, de munitions et d'outils pour tout le temps que l'on compte y passer.

2° S'arrêter à un lieu, et s'y fixer irrévocablement du moment que ce lieu donne un produit ;

3° S'y construire un bon abri, afin de ne pas être atteint par les rosées nocturnes et par les fraîcheurs du matin ;

4° Ne pas travailler dans l'eau sous l'ardeur du soleil, c'est-à-dire de onze heures du matin à trois heures de l'après-midi ;

5° Enfin, être sobre en liqueurs fortes et se soumettre à un régime régulier.

Quiconque s'éloignera de ces instructions, ou ne

fera rien et se dégoûtera, ou tombera malade et, selon toute probabilité, mourra.

Il y avait encore une autre chose dont j'étais convaincu, c'est que, outre la recherche de l'or, il y a dix, vingt, cent moyens de faire fortune à San-Francisco, et que celui-là qui, au premier abord, a paru le plus simple et le plus facile est, au contraire, un des moins assurés.

Pendant mon séjour à San-Francisco, j'avais cru remarquer que la meilleure spéculation à faire, dans les petites spéculations, bien entendu, dans celles qui se trouveraient un jour ou l'autre à ma portée, c'était d'acheter du vin en gros aux bâtiments qui arrivent, et de revendre ce vin en détail.

Seulement, je ne savais pas le métier ; il fallait l'apprendre.

J'ai dit qu'une fois qu'on avait mis le pied sur le sol de San-Francisco, tout le passé était oublié, et que le rang social occupé dans l'ancien monde devait s'évanouir comme une vapeur, propre, si elle continuait d'exister, à assombrir sans aucune utilité le ciel de l'avenir.

A mon retour à San-Francisco, la première chose que je vis sur le port, c'est le fils d'un pair de

France, qui s'était fait batelier. Je pouvais donc, moi à qui la révolution de 1830 n'avait enlevé aucune hérédité, je pouvais donc me faire garçon d'hôtel.

Tillier trouva une place qui rentrait dans notre spécialité : il se fit garçon boucher, à cent piastres par mois. Moi, grâce à mon ami Gauthier, qui mangeait à l'hôtel Richelieu, j'entrai dans l'hôtel comme surveillant, à raison de cent vingt-cinq piastres par mois.

La table d'hôte était à deux piastres. Chaque convive avait une demi-bouteille de vin.

On voit que c'était juste le double de Paris ; il est vrai que c'était de moitié moins bon.

Je restai un mois à l'hôtel Richelieu ; pendant ce mois, je fis mon éducation en vins, alcools et liqueurs.

Puis, cette éducation faite, comme j'avais amassé pour ma part, dans la société Aluna, Tillier et Léon, quelque chose comme un millier de piastres, ce qui était parfaitement suffisant à la création de mon petit commerce, je sortis de l'hôtel Richelieu et me mis en quête d'un petit emplacement.

Je trouvai ce que je cherchais au coin de la rue

Pacifique : c'était une cabane en bois, faisant cabaret par le bas, et, outre la salle commune, me donnant un petit cabinet où faire mes écritures, et deux chambres à coucher.

Je louai ce petit bouge quatre cents piastres par mois et me mis immédiatement à l'œuvre. On comprend que, quand on possède un capital de mille piastres et qu'on paye quatre cents piastres de loyer par mois, on n'a pas de temps à perdre si l'on ne veut que le loyer mange le capital.

Comme je l'avais prévu, la spéculation était bonne; les Américains mangent et boivent du matin jusqu'au soir, quittant à chaque instant leur travail pour se rafraîchir et manger un morceau.

Puis venait la nuit; la nuit n'était pas le plus mauvais temps; la police, quoique moins vieille, est plus intelligente que la police française, en ce point qu'elle permet aux cafetiers, aux marchands de vins et aux restaurateurs de rester ouverts toute la nuit; cela assainit la ville en la faisant vivre aussi complétement la nuit que le jour.

Le moyen de voler ou d'assassiner, quand, de cinquante en cinquante pas, il y a une porte ouverte et une maison éclairée?

Et cependant on assassinait encore, mais par rixe ou par vengeance.

C'étaient les maisons de jeu et de plaisir qui alimentaient la nuit.

J'étais très près de la Polka et pas loin de l'Eldorado.

Nous avions, par conséquent, les joueurs ruinés et les joueurs enrichis, les deux faces du genre humain, le côté qui pleure, le côté qui rit.

C'était une véritable étude de philosophie pratique. Tel arrivait des mines, perdait pour cinquante mille francs de lingots dans sa soirée, et venait retourner ses poches pour chercher s'il y restait assez de poudre d'or pour prendre un petit verre, et, si la poudre d'or manquait, prenait le petit verre à crédit, en s'engageant à le payer à son prochain retour des mines.

C'était une terrible chose que l'intérieur de ces maisons de jeu, où l'on jouait des lingots d'or et où, quand le joueur avait gagné, on pesait l'enjeu dans des balances. Là, tout se jouait, colliers, chaînes, montres. On estimait au hasard, et l'on prenait pour le prix de l'estimation.

Une nuit, nous entendîmes crier au meurtre. Nous

courûmes aux cris. C'était un Français que trois Mexicains venaient d'assassiner. Il avait reçu trois coups de couteau, et la vie s'enfuyait par les trois blessures, toutes mortelles.

Nous le transportions mourant à la maison. Il mourut en chemin : on le nommait Lacour.

Des trois assassins, un seul fut pris et condamné à être pendu. C'était la deuxième ou troisième exécution seulement qui avait lieu, de sorte que tout le monde était encore assez friand de ce spectacle.

Malheureusement, la place sur laquelle doit être dressée la potence — potence qui restera en permanence, afin d'effrayer les assassins — n'avait encore pu être livrée aux charpentiers ; on y creusait un puits artésien, tout le contraire d'une potence, un trou qui s'enfonce au lieu d'une solive qui pousse. En outre, ce puits était bien autrement urgent qu'un gibet. Il devait fournir de l'eau à toutes les fontaines de la ville, et, nous l'avons déjà dit, c'est surtout l'eau qui manquait à San-Francisco.

A défaut du gibet continental, il fallait donc se contenter d'une potence maritime. Une frégate américaine avait offert une de ses vergues, offre qui avait été acceptée avec reconnaissance par la justice de San-Francisco, expéditive, cette fois, parce qu'au lieu de tomber sur un citoyen des États-Unis, elle était tombée sur un Mexicain.

L'exécution, pour que tout le monde pût en jouir à son aise, devait avoir lieu à onze heures du matin. Dès huit heures, la rue Pacifique, où est située la prison, était encombrée.

A dix heures et demie parurent les policemen, reconnaissables à leurs bâtons blancs pendus à leur boutonnière en signe de décoration.

Ils entrèrent dans la prison, dont la porte se referma sur eux, apportant au condamné, par son ouverture d'un instant, les rumeurs d'impatience de vingt mille spectateurs.

Enfin, la porte se rouvrit, et l'on vit paraître celui que l'on attendait. Il avait les mains libres, la tête nue; il portait le pantalon fendu, la petite veste mexicaine, et le puncho jeté sur l'épaule.

Il fut conduit au grand Warff; là, une barque était préparée; il y monta avec les policemen et les exécuteurs. Vingt-cinq ou trente barques partirent en même temps que la sienne, chargées de curieux qui ne voulaient rien perdre du spectacle.

Tout le grand Warff et toute la plage étaient

couverts de spectateurs. J'étais de ceux qui restèrent à terre; le courage m'avait manqué pour aller plus loin.

Arrivé à bord de la frégate, le condamné monta résolûment à bord, et, là, se prépara lui-même à être pendu, aidant le bourreau à lui passer la corde au cou, et accommodant de son mieux son cou à la corde.

En ce moment, on lui jeta sur la tête un grand voile noir qui déroba son visage aux spectateurs.

Puis, à un signal donné, quatre matelots tirèrent la corde et l'on vit le condamné perdre pied et s'élever à l'extrémité de la grande vergue.

Pendant un instant, le corps s'agita convulsivement, mais bientôt redevint immobile.

L'exécution était terminée.

On laissa le cadavre exposé aux yeux de tous une partie de la journée; puis, le soir venu, on le détacha, on le descendit dans une embarcation et on le transporta au cimetière du présidio.

XIX

INCENDIE

Nous avons dit qu'à défaut d'eau, il existait un magnifique corps de pompiers ; mais nous avons dit encore que l'on creusait sur la place principale un magnifique puits artésien, destiné à donner de l'eau à toutes les fontaines de la ville. L'attente de cette eau mettait d'avance les pompiers en émoi ; tous les jours, ils faisaient l'exercice à sec, et on les voyait courir avec leurs pompes, leur casquette américaine et leur pantalon bleu, d'un bout à l'autre de la ville ; ce qui, à tout moment, faisait croire que le feu était à San-Francisco.

J'avais toujours eu l'idée, dans ma jeunesse quelque peu dépensière, que le défaut d'un endroit sûr où serrer mon argent était la seule cause de ma prodigalité. Ne sachant où le déposer d'une manière certaine, je le laissais tout bonnement glisser dans la poche des autres ; aussi mon premier soin, lorsque j'eus un établissement, fut-il de me procurer un coffre.

J'en trouvai un magnifique tout en fer; si lourd, que je pouvais à peine le remuer. On me le fit cent cinquante piastres! Je l'eus pour cent et crus avoir fait un excellent marché.

Puis je me disais qu'en cas d'incendie, un coffre tout en fer serait un creuset où je retrouverais mon or et mon argent en fusion ou en lingot, mais enfin où je le retrouverais.

J'établis donc mon coffre au pied de mon comptoir, et, chaque soir, j'y enfermais mon bénéfice du jour. Ce bénéfice en valait la peine : tous frais faits, il montait en moyenne à cent francs, quelquefois à cent cinquante.

Je venais, grâce à ces bénéfices, d'acheter à très-bon prix cinq ou six pièces de vin, quelques tonnes de liqueurs et d'eau-de-vie au capitaine du *Mazagran*, qui était en rade ; il me restait encore quelque chose comme quatre ou cinq mille francs dans mon coffre, quand tout à coup, le 15 septembre au matin, je fus réveillé par mes deux garçons, qui frappaient à ma porte et qui criaient : *Au feu!*

Je l'ai dit, c'est un cri terrible à San-Francisco, bâti tout en bois, que ce cri : *Au feu!* surtout aujourd'hui que les rues de la ville, au lieu d'être abandonnées à leur sol naturel, poussière ou boue, sont pavées en bois et servent de conducteur à l'incendie, pour le faire passer d'un côté de la rue à l'autre.

A ce cri : *Au feu!* il faut donc d'abord songer à se sauver soi-même.

Malgré cet axiome d'une vérité incontestable, je courus d'abord à ma malle, j'y donnai un tour de clef et la jetai par la fenêtre; puis je passai mon pantalon et voulus m'enfuir par l'escalier.

Il était déjà trop tard; il me restait le chemin qu'avait pris ma malle, et encore devais-je me dépêcher.

J'en pris mon parti, et je sautai par la fenêtre.

Le feu avait pris dans la cave de la maison voisine, qui était inhabitée; comment? Je ne le sus jamais. Une fois arrivé à ma cave, toute pleine de vin et d'alcool, ce ne fut plus qu'un vaste punch, que les efforts de tous les pompiers de San-Francisco furent impuissants à éteindre.

Quant au coffre, il ne fallait pas songer à le sauver, toute l'espérance était que lui sauverait son contenu.

L'incendie dura deux heures et demie et brûla trois cents maisons, tout le quartier des boulangers. Par bonheur, mon boulanger à moi demeurait au haut de la rue Pacifique; le feu n'alla point jusqu'à lui. Il m'offrit un asile que j'acceptai.

Ce brave homme portait le nom de l'homme juste : il s'appelait Aristide.

Il me restait un dernier espoir : mon coffre. J'attendis avec angoisse que les cendres fussent assez refroidies pour pouvoir commencer une fouille dans laquelle mes amis, Tillier, Mirandole, Gauthier et mes deux garçons s'apprêtaient à me seconder. L'un ou l'autre de nous gardait le terrain, pour que de plus pressés ne fissent pas ce que nous comptions faire; enfin, au bout de trois jours, on put mettre la pioche dans les décombres.

Je savais où était le coffre dans la salle commune, et, par conséquent, où il devait être dans la cave, puisque sa pesanteur me garantissait la virtualité de sa descente, et cependant nous creusâmes, nous fouillâmes, nous explorâmes sans trouver trace du coffre. J'étais convaincu que mon pauvre coffre avait été volé.

Tout à coup je trouvai une espèce de stalactite de fer à peine grosse comme un œuf, pleine d'aspérités, reluisant des plus belles teintes dorées ou argentées. Mon coffre avait fondu comme cire au milieu du foyer ardent, et c'était tout ce qui restait de mon coffre. Je venais de retrouver l'airain de Corinthe !

J'avoue que je ne pouvais pas croire que d'une masse représentant deux pieds cubes de surface, il restât un résidu gros comme un œuf ; j'avoue que je ne comprenais pas que d'un coffre pesant soixante livres, le seul et unique reliquat fût une stalactite de fer doré du poids de cinq ou six onces. Il fallut bien comprendre, il fallut bien croire.

Il est vrai qu'un Anglais m'offrit cent piastres de ce morceau de fer : il voulait en faire cadeau au cabinet de minéralogie de Londres. Je refusai de le donner.

J'avais pourtant grand besoin de cent piastres. A part ce qui se trouvait dans ma malle, j'avais tout perdu ; heureusement, dans ma malle se trouvaient quelques lingots d'or recueillis par moi dans notre exploitation des placers, et que je gardais pour rapporter en France et faire des cadeaux. Ces lingots furent immédiatement convertis par moi en monnaie d'or et d'argent.

En vendant tout ce qui ne m'était pas strictement nécessaire, je me retrouvais avec trois ou quatre cents piastres. C'était assez pour recommencer un commerce quelconque; mais je me lassais de lutter contre la mauvaise fortune.

Il me semblait qu'il y avait un parti pris de la part de la fatalité de ne point me laisser dépasser une certaine hauteur. Si j'eusse été dénué de toute ressource en France, peut-être eussé-je poursuivi, me fussé-je entêté, et la mauvaise fortune eût-elle été vaincue.

Mais j'avais laissé en France une famille et quelques ressources. Je résolus de céder ma place aux nombreux concurrents qui se pressent chaque jour pleins d'espérance sur le port, et, comme il manquait un lieutenant au capitaine d'Audy, patron du *Mazagran*, je m'arrangeai avec lui pour remplir les fonctions de lieutenant à son bord pendant la traversée de San-Francisco à Bordeaux, à Brest, ou au Havre.

Le marché fut bientôt conclu. Je n'étais pas difficile sur les appointements. Ce que je voulais surtout, c'était revenir en France sans diminuer par des frais de traversée le peu que j'avais. Le départ était fixé aux premiers jours d'octobre ; il traîna jusqu'au 18.

Dès le 24 septembre, je fus inscrit sur le rôle, et, dès ce jour, je pris mon service à bord. Ce service consistait à faire le lest en cailloux.

Le dimanche 17 octobre, nous descendîmes une dernière fois à terre : quelques Français m'attendaient à l'hôtel Richelieu pour me donner le dîner du départ. Il me serait difficile de dire s'il fut plus triste ou plus gai que celui du Havre. Au Havre, nous étions soutenus par l'espérance ; à San-Francisco, nous étions abattus par le désappointement.

Le lendemain, 18 octobre, nous levâmes l'ancre, et, le soir même, par une excellente brise de l'est, qui nous faisait filer huit et neuf nœuds, nous perdîmes la terre de vue.

CONCLUSION

Maintenant, que dire de cette terre que je quittais presque avec autant d'empressement que j'en avais mis à la venir chercher? La vérité.

Tant que la Californie n'a été connue que pour ses richesses réelles, c'est-à-dire pour son admirable climat, pour la fertilité de son sol, pour la richesse de sa végétation, pour la navigabilité de ses fleuves, la Californie a été inconnue ou méprisée. Après la prise de Saint-Jean-d'Ulloa, le Mexique l'offre à la France, qui la refuse. Après la prise de sa capitale, il la donne pour quinze millions de dollars aux Américains, qui ne l'achètent d'ailleurs que parce qu'ils craignent de la voir passer aux mains de l'Angleterre. Un instant la Californie reste dans leurs mains ce qu'elle était, c'est-à-dire une portion du globe abandonnée de tous, excepté de quelques religieux obstinés, de quelques Indiens nomades et de quelques émigrants aventureux.

On sait comment ce grand cri, ce cri le plus retentissant de tous, fut jeté : « De l'or! » D'abord, il fut écouté avec l'indifférence du doute. Les Américains, ces laborieux défricheurs, avaient déjà reconnu la véritable richesse du pays, c'est-à-dire la fertilité du sol. Quiconque avait semé et récolté une seule fois et avait pu établir la comparaison des semailles à la récolte, celui-là était sûr de sa fortune. Qu'avait-il besoin de lever la tête de dessus sa charrue à ce cri : « De l'or! »

Il y eut plus : des échantillons de cet or furent montrés. Ils venaient de la fourche américaine; mais le capitaine Folson, celui à qui on les montrait, haussa les épaules en disant :

— C'est du mica.

Sur ces entrefaites, deux ou trois messagers, accompagnés d'une douzaine d'Indiens, arrivèrent du fort Sutter. Ils étaient en quête d'ustensiles propres au lavage des sables. Ils avaient les poches pleines de poudre d'or et ils faisaient des récits merveilleux de cette découverte qui venait de changer le Sacramento en un nouveau Pactole.

Quelques habitants de la ville les suivirent dans l'intention de s'engager au service de M. Sutter, qui demandait des ouvriers. Mais, huit jours après, ils étaient revenus, quêtant des ustensiles pour leur propre compte, et disant de ces mines des choses bien autrement merveilleuses encore que les premiers venus.

Alors ce fut comme un vertige qui prit les habitants de la ville, les ouvriers du port, les matelots des bâtiments.

Voici ce qu'écrivait, le 29 juillet, M. Colton, alcade de Sonoma :

« La fièvre des mines a fait irruption ici, comme partout ailleurs ; on ne trouve plus ni ouvriers ni cultivateurs, et la totalité des hommes de notre cité est partie pour la sierra Nevada. Toutes les bêches, les pioches, les casseroles, les écuelles de terre, les bouteilles, les fioles, les tabatières, les houes, les barils et même les alambics ont été mis en réquisition et ont quitté la ville avec eux. »

Vers la même époque, M. Larkin, consul américain, voyait l'émigration se présenter sous un caractère si grave, qu'il se croyait dans la nécessité de faire à M. Buchanan, secrétaire d'État, un rapport où on lisait ce passage :

« Tous les propriétaires, avocats, gardes-magasins, mécaniciens et laboureurs, sont partis pour les mines avec leurs familles ; des ouvriers gagnant de cinq à huit dollars par jour ont quitté la ville. Le journal qu'on publiait ici a cessé de paraître, faute de rédacteurs. Un grand nombre de volontaires du régiment de New-York ont déserté. Un bâtiment de l'État des îles Sandwich, actuellement à l'ancre, a perdu tout son monde. Si cela continue, la capitale et toutes les autres villes seront dépeuplées ; les baleiniers qui viendront dans la baie seront abandonnés de leurs équipages. Comment le colonel Mason s'y prendra-t-il pour retenir son monde ? C'est ce que je ne saurais dire. »

Et, en effet, huit jours plus tard le colonel Mason écrivait à son tour :

« Pendant quelques jours, le mal a été si menaçant, que j'ai dû craindre de voir la garnison de Monterey déserter en masse. Il faut le dire, la tentation est grande : peu de danger d'être repris et l'assurance d'un salaire énorme, double en un jour de la paye et de l'entretien du soldat pendant un mois. On ne peut avoir un domestique. Un ouvrier, de quelque profession que ce soit, ne travaille pas à moins de 80 francs par jour, et parfois demande jusqu'à 100 et 110 francs. Que faire dans une situation pareille? Les prix des denrées alimentaires sont d'ailleurs si élevés et la main-d'œuvre si chère, que ceux-là seuls peuvent avoir un domestique qui gagnent cinq ou six cents francs par jour. »

Veut-on savoir ce que, de son côté, disait notre consul à Monterey?

« Jamais, disait-il, en aucun pays du monde, il n'y eut, je crois, pareille agitation. Partout les femmes et les enfants sont laissés dans les fermes les plus isolées, car les Indiens eux-mêmes sont emmenés par leurs maîtres ou partent seuls pour aller chercher de l'or, et cette émigration augmente et s'étend continuellement.

« Les routes sont encombrées d'hommes, de chevaux et de voitures; mais les villes et les villages sont abandonnés. »

Veut-on se faire une idée de cet abandon? Suivez sur la mer ce brick solitaire qui fait voile pour San-Francisco, et qui est commandé par le capitaine Pé-

18.

ruvée Munraz. Il vient d'Arica ; il a reçu des commandes de San-Francisco avant que les mines fussent découvertes. Il vient, comme d'habitude, faire son commerce annuel d'échange, et il ignore tout.

Forcé par les vents contraires de relâcher à San-Diégo, il a demandé des nouvelles de la Californie. On lui a dit que tout y allait à merveille ; que la ville, qui, deux ans auparavant, comptait quinze ou vingt maisons, en avait maintenant trois ou quatre cents, et qu'en arrivant sur le port, il y trouverait une vie et une agitation égales à celle que Télémaque rencontra en abordant Salente.

Il est parti sur ces bonnes nouvelles et avec cette joyeuse espérance : non-seulement, grâce à cette activité croissante, il va vendre son chargement, mais encore être assailli de commissions et d'offres.

Le temps était splendide ; le mont Diable resplendissait tout inondé de lumière, et le brick se dirigeait droit sur le mouillage à Jerba-Buéna. Mais une chose semblait incompréhensible au capitaine Munraz : c'est qu'il n'apercevait pas une barque sur la mer, pas un homme sur le rivage.

Qu'était donc devenue cette activité dont on lui parlait, cet accroissement de la ville qui faisait reten-

-tir les environs du bruit des marteaux et du grincement de la scie? On eût dit qu'on entrait dans les domaines de la Belle au bois dormant; seulement, on ne voyait pas même les dormeurs. Sans doute il y avait fête au puéblo San-José. Le capitaine Munraz consulta son calendrier. « Samedi 8 juillet. » Aucune fête.

Le capitaine Munraz continuait d'avancer, il croyait faire un rêve. Ce n'était cependant ni une guerre, ni un incendie, ni une surprise d'Indiens qui causait ce silence et cette solitude mortels. La ville était là; ses maisons étaient bien entières et le port offrait à la vue de l'équipage étonné ses files de tonneaux rangés sur le quai et ses marchandises de toute espèce empilées à la porte des magasins.

Le capitaine Munraz héla quelques bâtiments à l'ancre. Ces bâtiments étaient solitaires et silencieux comme le port et les maisons.

Tout à coup une idée terrible, mais la seule probable, se présenta à l'idée du capitaine Munraz. C'est que la population de San-Francisco venait d'être détruite par un choléra, par une fièvre jaune, par un typhus, par une épidémie quelconque.

Aller plus loin eût été une grande imprudence.

Le capitaine Munraz donna donc l'ordre de virer de bord. Au moment où il passait près d'une petite goëlette mexicaine, il lui sembla voir s'agiter à son bord quelque chose qui ressemblait à une créature humaine.

On héla ce quelque chose. Un vieux matelot mexicain, la tête enveloppée de bandes, se dressa sur ses genoux.

— Ohé! de la goëlette! cria le capitaine Munraz, que sont devenus les habitants de San-Francisco?

— Eh! répondit le vieux Mexicain, ils sont tous partis pour le pays de l'or.

— Et où est ce pays? demanda en riant le capitaine Munraz.

— Sur les bords du Sacramento; il y en a des montagnes, il y en a des vallées; il n'y a qu'à se baisser et ramasser, et, si je n'étais pas malade, je ne serais pas ici, je serais là-bas avec les autres (1).

Dix minutes après, le brick du capitaine Munraz était vide comme les autres bâtiments. Les matelots étaient descendus à terre et avaient pris leur course vers le Sacramento, et le pauvre capitaine, resté seul,

(1) Ferry.

jetait l'ancre et amarrait son bâtiment comme il pouvait près des autres bâtiments vides.

Ainsi donc à ce cri : « De l'or! » tout le monde s'était rué vers les placers, ne voyant qu'un moyen de faire fortune, recueillir de l'or. Et chacun fouillait effectivement la terre, aidé des instruments qu'il avait pu se procurer, soutenu par les ressources qu'il avait pu réunir, les uns avec des pioches, les autres avec des bêches, ceux-là avec des crocs, ceux-ci avec des pelles à feu. Et il y en avait qui ne possédaient rien de tout cela et qui fouillaient la terre avec leurs mains.

Puis, cette terre, on la lavait dans des assiettes, dans des plats, dans des casseroles, dans des chapeaux de paille.

Et de tous côtés arrivaient des hommes à cheval, des familles en charrette, de pauvres diables à pied, qui venaient de faire cent milles toujours courant. Et chacun, en voyant ces tas d'or vierge déjà recueillis, était pris de vertige, se précipitait à bas de son cheval ou de sa voiture, et se mettait immédiatement à fouiller la terre pour ne pas perdre un coin de cette terre si riche, une seconde de ce temps si précieux.

Et, en effet, les exemples étaient là. MM. Neilly et

Crowly, aidés de six hommes, avaient recueilli dix livres et demie d'or en six jours, pour quinze à seize mille francs à peu près. M. Vaca, du Nouveau-Mexique, avait, aidé de quatre hommes, recueilli dix-sept livres d'or en une semaine. M. Norris, aidé d'un seul Indien, avait, à un seul endroit, dans un seul ravin, recueilli en deux jours pour seize mille francs de poudre d'or.

Cette espèce de folie alla croissant. Quiconque partait pour San-Francisco, partait avec l'intention de se faire mineur, de chercher, de fouiller, de recueillir de ses mains le précieux métal. Eh bien, c'était, de toutes les spéculations, la moins sûre, la plus précaire, et celle qui sera le plus vite épuisée. Les grandes fortunes de San-Francisco ne se sont pas faites aux mines. Les mines, c'est le but, c'est le prétexte; la Providence, dans ses vues d'avenir, avait besoin d'agglomérer un million d'hommes sur un point donné du globe : elle leur a donné l'or pour appât.

Plus tard, elle leur donnera l'industrie pour récompense.

La véritable source des richesses en Californie, ce sera, dans l'avenir, l'agriculture et le commerce. La recherche de l'or, comme tout métier manuel, nourrira son homme, et voilà tout.

C'est pourquoi il y a tant de déception parmi ceux qui vont à San-Francisco, tant de découragement chez ceux qui en reviennent.

San-Francisco, — et par San-Francisco nous entendons la Nouvelle-Californie tout entière, — sort à peine du chaos et est en train d'accomplir sa genèse. L'esprit du Seigneur flotte déjà sur les eaux, mais la lumière n'est pas encore faite.

FIN.

TABLE

I.	Le Départ............................	33
II.	Du Havre à Valparaiso....................	47
III.	De Valparaiso à San-Francisco.................	59
IV.	San-Francisco.........................	77
V.	Le Capitaine Sutter......................	97
VI.	Je me fais commissionnaire..................	115
VII.	Les Placers..........................	135
VIII.	La sierra Nevada.......................	147
IX.	Les Américains........................	163
X.	Le Feu à San-Francisco....................	181
XI.	La Chasse...........................	195
XII.	Notre première nuit de chasse dans les prairies.................................	209
XIII.	L'Herbe à serpent.......................	225
XIV.	Aluna.............................	241
XV.	Le Sacramento........................	272
XV.	La Chasse à l'ours......................	279
XVI.	La Mariposa..........................	284
XVIII.	Je me fais garçon de restaurant pour faire mon apprentissage de marchand de vins..	297
XIX.	Incendie............................	306
	Conclusion...........................	313

www.ingramcontent.com/pod-product-compliance
Lightning Source LLC
Chambersburg PA
CBHW060358170426
43199CB00013B/1907